新时代之问

关于人类文明新形态的

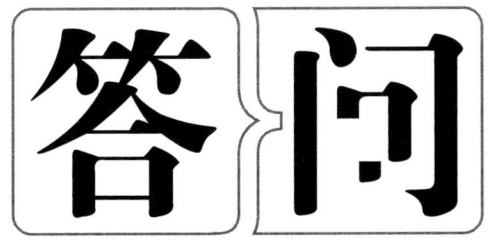

中共中央党校（国家行政学院）党的建设教研部

曹鹏飞 | 著

中央党校出版集团

国家行政学院出版社
NATIONAL ACADEMY OF GOVERNANCE PRESS

图书在版编目（CIP）数据

关于人类文明新形态的答问 / 曹鹏飞著 . —北京：
国家行政学院出版社，2022.4
ISBN 978-7-5150-2673-2

Ⅰ . ①关…　Ⅱ . ①曹…　Ⅲ . ①世界史—文化史　Ⅳ .
① K103

中国版本图书馆 CIP 数据核字（2022）第 041968 号

书　　名	关于人类文明新形态的答问
	GUANYU RENLEI WENMING XINXINGTAI DE DAWEN
作　　者	曹鹏飞
统筹策划	陈　科
责任编辑	陆　夏　曹文娟　刘　锦
出版发行	国家行政学院出版社
	（北京市海淀区长春桥路 6 号　　100089）
综 合 办	（010）68928903
发 行 部	（010）68928866
经　　销	新华书店
印　　刷	北京盛通印刷股份有限公司
版　　次	2022 年 4 月北京第 1 版
印　　次	2022 年 4 月北京第 1 次印刷
开　　本	155 毫米×230 毫米　16 开
印　　张	9.5
字　　数	80 千字
定　　价	30.00 元

本书如有印装问题，可联系调换，联系电话：（010）68929022

我们坚持和发展中国特色社会主义，推动物质文明、政治文明、精神文明、社会文明、生态文明协调发展，创造了中国式现代化新道路，创造了人类文明新形态。

——习近平总书记在庆祝中国共产党成立100周年大会上的讲话

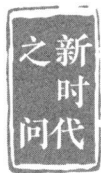

出版说明

党的十八大以来，中国特色社会主义进入新时代，开启新征程。诚如马克思所指出的，"问题就是时代的口号，是它表现自己精神状态的最实际的呼声"，新时代就要解决新问题。

为回应新时代背景下广大党员、干部、群众特别关心、迫切需要解答的现实问题，我社特推出"新时代之问"系列答问读物，邀请相关领域权威专家学者，针对党的十八大以来我国在经济、政治、文化、社会、生态等领域重大问题进行专题解答。"新时代之问"系列秉承解决真问题、真解决问题的初衷，力求其提出的问题和分析解答有助于

新时代
之问

广大党员、干部深刻领会把握习近平新时代
中国特色社会主义思想的精神实质、核心要
义、丰富内涵和实践要求，把学习成果转化
为推动工作的强大动力和生动实践。为实现
社会主义现代化强国目标和中华民族伟大复
兴凝心聚力！

前　言

　　立足中国特色社会主义思想理论资源和实践经验，借鉴人类文明发展道路的一般规律和普遍逻辑，结合新时代中国特色社会主义所面临的环境、条件和现实，以此重新建构新时代中国发展的叙事结构与实践形态，为当前中国发展创新更具价值的话语空间和逻辑，无疑是当下中国叙事和中国故事中最紧迫、最复杂、最艰巨的任务。人类文明新形态的政治叙事展开，就是这种逻辑与现实的成功突破。作为一种有前景的叙事范式，人类文明新形态不仅要承担起架构和选择新时代中国特色社会主义的发展路径和价值选择、承担起创新和优化新时代中国特色社会主义发展路径与价值选择的实践责任，而且要积极开创新时代中国特色社会主义的全新认知逻辑、理解结构和叙事体系，力求拓展新时代中国特色社会主义科学新颖的意义结构和读写空间，为人类文明发展贡献智慧和力量。增强新时代中国特色社会主义的公共性和普遍性，把中国力量的增长转变为全球治理的改善，把中国发展进步转换成推动全球治理的公共产品，有效弥合中国发展与全球治理的真空地带，切实推动人类命运共同体的建构与成长，无疑成为人类文明新形态开展叙事的主要逻辑，也是丰富和发展新时代中国特色社会主义叙事结构的主要话语范式。

从人类文明发展道路的整体结构和普遍逻辑来看，社会发展既有形态也有逻辑，完全可以从普适性的角度去寻求理解和对话。既认识自我，也理解他者，在自我与他者间形成公共的话语空间，新时代中国特色社会主义才有可能建立起人类文明发展进程中的有效语境，生成具有普遍性的意义空间。人类文明新形态的叙事结构必须既着眼新时代中国特色社会主义的现实语境，又能从中国与世界相互作用的双重逻辑中去寻求建设性视角和力量，这无疑是讲好当代中国故事的关键所在。尽管话语体系的逻辑和视角是无限开放的，但就理解过程的现实性和时空性而言，我们必须在有限的逻辑和方向上取得一些实质性进展，而且这些进展必须是在现实政治可接受的意义上发生的。从民主与组织两种不同视角理解权力，从市场与国家两种不同力量理解经济，从资本与权力两种逻辑理解社会，从治

体与政体两种模式分析社会主义与资本主义，从后发国家
到赶超国家的身份转换中深入把握新时代中国特色社会主
义的历史功能、实践超越和时代责任，这些都是人类文明
新形态话语体系构建中必须要面对的叙事任务，唯有在这
种新型叙事逻辑中，才能准确厘清和把握新时代中国特色
社会主义所肩负的全球治理与民族复兴双重责任。

目　录

第一个问题

如何理解人类文明新形态的提出及其重大意义？

习近平总书记在庆祝中国共产党成立 100 周年大会上指出："我们坚持和发展中国特色社会主义，推动物质文明、政治文明、精神文明、社会文明、生态文明协调发展，创造了中国式现代化新道路，创造了人类文明新形态。"在这样一个重要时间点上，习近平总书记首次提出人类文明新形态这一重要论断，为理解和剖析当代中国发展提供了一种全新的政治和理论视角。"中国式现代化是一场文明延续、迭代与创新的巨变，它不仅集中刻画了中华五千年文明赓续的特殊规律，更在多个维度上探寻着人类文明特别是发展中国家、后起国家文明复兴的普遍规律，以及不同文明在同一时空环境下交融互鉴的普遍格局。"①

---

① 董志勇：《中国式现代化开创人类文明新形态》，《光明日报》2021年 8 月 9 日。

　　当代中国已经发展成为世界第二大经济体，并且依然保持着强劲的发展势头，自觉提出人类文明新形态这一创新性概念，既是当代中国政治理性和政治能力积极发展的自然结果，也是中国现阶段关于自身与世界发展潮流的整体构想与认知。中国发展作为当今世界发展最显著的增量部分，其实践与理论更加具有普遍的世界历史意义。习近平总书记在庆祝中国共产党成立100周年大会上提出这个论断，但该问题所依据的政治逻辑、历史逻辑和实践逻辑并不是今天突然发生的。虽然人类文明新形态的政治表达在实践上需要恰当的政治契机，但该问题背后的现实逻辑却是客观存在的，并不会因为政治的需要而被随意虚构出来，逻辑的自洽性早已衍生于中国社会发展的过程之中，并且会在思想上和实践中不断得到表达和强化。中国社会发展的内在逻辑是在以往历史实践的不断生成中自然形成的，党的领导和执政也必须以遵循这种历史实践逻辑为前提，只有把这种历史自然逻辑成功变成政治化的自觉逻辑，才能够真正实现政党领导和执政的实际价值。

　　今天，在政治层面正式提出人类文明新形态，从政治逻辑的角度来辨识，主要是基于当代中国发展的历史逻辑、理论逻辑与实践逻辑自身演变的结果。

　　回顾党的百年奋斗历程，可以说成就巨大，彪炳史册。毛泽东同志在《论人民民主专政》一文中写道："十月革命一声炮响，给我们送来了马克思列宁主义。十月革命帮助了全世界的也帮助了中国的先进分子，用无产阶级的宇宙观作为观察国家命运的工具，重新考虑自己的问题。走俄国人的路——这就是结论。"这一论断表明，在当时的历史条件下，中国共产党用无产阶级宇宙观作为工具观察国家命运，以全新思想资源理解和认识民族自身问题，走俄国人的道路，建立无产阶级新型政党组织，依托新思想和新组织资源探索国家现实出路，寻找国家前途和未来。

中国共产党成立 100 多年来，马克思主义在中国大地放射出灿烂光芒，结出丰硕果实。在马克思主义指导下，中国共产党带领中国人民艰苦奋斗，创造了经济快速发展和社会长期稳定两大奇迹，中华民族迎来了从站起来、富起来到强起来的伟大飞跃。马克思主义的伟大旗帜是民族发展进步的旗帜，是实现民族繁荣发展的旗帜，中华民族的一切发展与进步、繁荣与增长，都是在马克思主义旗帜下实现的。在马克思主义指导下，中国在政治、经济、思想文化、科学技术、军事等领域都获得了巨大成就，中国日益走近世界舞台的中央，不但要完成民族复兴的历史重任，还要为当代世界发展与治理作出全新贡献。把制度优势转变成治理效能，促进社会进步和人民生活改善，这既是决定当代中国发展进程、关涉中华民族伟大复兴征程的重大民族问题，也是关乎 21 世纪马克思主义发展、建设人类命运共同体的重大国际问题。自觉提出和构建人类文明新形态的叙事逻辑与话语体系，无疑是弥合当代中国实践与当代全球治理现实两种场域之间缝隙的最好选择。

统筹推进"五位一体"总体布局，协调推进"四个全面"战略布局，代表的是当代中国保持现实增长能力的一种结构与形态，这种总体性增长势必要经历一个由量变到质变自然演进的发展过程。正如党的十九大报告所指出的，"我国经济已由高速增长阶段转向高质量发展阶段"。由数量型经济向质量型经济转变，不只是经济发展内容的重大变革，经济基础发生由量到质的性质变化，必然意味着上层建筑领域也要同步进行重大调整。理论上怎么认识，政治上怎么定位，这不仅是关乎中国发展能否走向更高层次的根本性问题，也是从根本上影响和决定世界发展走势的重大国际热点问题。中国作为当代世界经济最有活力、增长势头最好、增长环境和能力最优的地区，不仅构成当代世界经济的重要组成部分，而且是推动世界发展格局走向公平正义的最重要力量，对于重塑和引领世界未来发展潮流与价值发挥着尤为重要的作用。中国发展需要世界，世界发展也需要中国，在中国和世界日益深刻的共生结构中确立更具未来性和建设性的正确方向，无疑是当代中国发展与当代世界创建的共同需要。由中国现代化实践走向构建人类文明新形态的政治自觉，是当代中国发展现实内在兼具民族性与全球性的必然要求，中国道路不仅是在解决民族自身问题，同时也是在解决当代全球治理难题。中国脱贫攻坚实践取得的伟大成就，就是对人类反贫困事业作出的杰出贡献。转变经济发展方式，调整经济结构，推进供给侧结构性改革，贯彻新发展理念，构建新发展格局，所有这些重大举措都是中国为人类社会发展作出的积极有益探索。

当代中国马克思主义、二十一世纪马克思主义，中华文化和中国精神，中国特色社会主义制度和中国现代化实践，当代人类文明的一切先进成果，等等，所有这些现实元素无疑都是创建人类文明新形态的重要参与力量。中国现代化要想表现出更为强劲的生命活力，就必须为人类文明发展作出有价值的独特贡献，为人类文明走出西方霸权主义垄断局面、实现更好发展开拓一条新道路，这既是当代世界发展中国家走向现代化的急迫需要，也是彻底打破西方中心主义国际秩序的必然途径。新价值和新路径所代表的增长能力和竞争能力，才是真正改变传统国际政治经济秩序的有力武器。中国式现代化新道路开创的人类文明新形态表现出来的卓越增长能力，就是其不容置疑的核心竞争能力。以美国为首的西方国家对中国发展的各种制裁与围堵，恰好印证了这种新型竞争力在西方社会普遍引起的焦虑和隐忧。正如习近平总书记在党的十九大报告中指出："中国特色社会主义进入新时代，意味着近代以来久经磨难的中华民族迎来了从站起来、富起来到强起来的伟大飞跃，迎来了实现中华民族伟大复兴的光明前景；意味着科学社会主义在二十一世纪的中国焕发出强大生机活力，在世界上高高举起了中国特色社会主义伟大旗帜；意味着中国特色社会主义道路、理论、制度、文化不断发展，拓展了发展中国家走向现代化的途径，给世界上那些既希望加快发展又希望保持自身独立性的国家和民族提供了全新选择，为解决人类问题贡献了中国智慧和中国方案。"

第二个问题

如何认识和把握中国式现代化新道路对人类文明新形态的贡献？

在博鳌亚洲论坛 2018 年年会开幕式上，习近平主席发表了题为《开放共创繁荣 创新引领未来》的主旨演讲，他谈道："40 年来，中国人民始终上下求索、锐意进取，开辟了中国特色社会主义道路。中国人民坚持立足国情、放眼世界，既强调独立自主、自力更生又注重对外开放、合作共赢，既坚持社会主义制度又坚持社会主义市场经济改革方向，既'摸着石头过河'又加强顶层设计，不断研究新情况、解决新问题、总结新经验，成功开辟出一条中国特色社会主义道路。"①

这段话本质上是在论述中国特色社会主义道路的来源，阐明中国特色社会主义道路成功的代表性含义。中国

---

① 习近平：《开放共创繁荣 创新引领未来——在博鳌亚洲论坛 2018 年年会开幕式上的主旨演讲》，人民出版社 2018 年版，第 4 页。

特色社会主义道路是通过改革开放、独立自主、"摸着石头过河"以及加强顶层设计而开辟的。中国特色社会主义道路成功的历史性、世界性、政治性含义，证明了当今世界的现代化模式以及通向现代化的道路不止一条，现代化道路是多元的，不是一元的。

当今世界，西方现代化的成就和价值不容忽视，但是把西方的现代化模式和现代化道路当作人类唯一的解救之道、唯一的出路，这种立场和意识形态是不正确的。坚持将西方现代化的一元论和西方在世界范围内的领导权、优越性捆绑在一起，承认西方现代化的唯一性，等于确认西方现代化道路的普遍性。这样，所有国家都要跟在西方国家后面跑，这个秩序逻辑最后就变成了西方意识形态的霸权主义，这对世界其他国家的发展而言，是一种抑制性的统治力量。

抑制性的统治力量只要存在，世界上其他国家的发展就难以推进，只能模仿、跟随西方现代化国家。发达国家在前面跑，发展中国家在后面追，西方现代化国家将永远是带头"大哥"，发展中国家将永远是"小弟"。这种意识形态立场本质上是一种西方霸权主义，是为西方国家的利益和权力服务的。和这种意识形态以及现代化立场相对应的是西方主导的权力，只要西方主导权力存在，其他国家在这种权力格局中就永远不能实现超越，而这既不符合后发国家的普遍利益，也不符合中国发展的特殊利益，更不符合中国发展能力的塑造。

中国要想获得自主性发展，就要拥有独立自主的发展能力。所谓独立自主的发展，就是要从西方现代化主导的一元论立场上独立出来，就是要从西方现代化模式的霸权主义逻辑里独立出来，另辟蹊径，弯道超车，寻找适合自身发展的独立自主的道路。只有坚持独立自主的道路，才可能获得自主性的真正发展；只有实现独立自主的发展，才能够彻底摆脱西方体系的抑制，获得独立发展的能力。所有的依附型发展、殖民主义发展，都是不能从根本上发展起来的。

中国在现代文明和现代化立场上主张多元论，主张兼容并包，用多元的现代化去对抗一元的现代化，用世界的民主主义去对待、对抗世界的霸权主义。这种民主主义的观念和行动，是从根本上为中国的发展塑造环境、创造空间、形成力量。

提倡中国式现代化新道路就是培育中国国家发展能力，塑造国家现代化能力。习近平主席在第七十六届联合国大会一般性辩论上的讲话提道："一个和平发展的世界应该承载不同形态的文明，必须兼容走向现代化的多样道路。"[1]

---

[1] 习近平：《坚定信心 共克时艰 共建更加美好的世界》，人民出版社2021年版，第5页。

这是我们讲的多元主义，是现代化的民主局面、多元局面。每个国家自主探索符合本国国情的现代化道路的努力都应该受到尊重。中国共产党愿同各国政党交流现代化建设经验，共同丰富走向现代化的路径，更好为本国人民和世界各国人民谋幸福。

这本质上是世界的、全球的民主治理和全球的霸权主义之间的差异性，是世界上所有国家都有发展自己的权利和发展的垄断性之间的差异性。中国主张拥有独立自主的发展能力、主张走独立的现代化道路，因为只有坚持走独立的现代化道路才能真正地发展起来，摆脱依附性、殖民主义、霸权主义，打破全球权力的不平衡，走向多元化、民主化。只有多元化的世界权力格局才能实现多元化的共同发展，否则就变成一家独大的发展。

从人类文明的高度审视中国式现代化的道路和模式问题，是在更高价值维度上理解和分析中国现代化实践的价值内涵，是对中国式现代化道路所具有的世界历史意义的极大拓展。毛泽东同志讲："惜秦皇汉武，略输文采；唐宗宋祖，稍逊风骚。一代天骄，成吉思汗，只识弯弓射大雕。"[①] 这是对中国历史上一些杰出的统治者作的点评，站

---

① 中共中央文献研究室：《毛泽东年谱（1893—1949）（修订本）》上册，中央文献出版社 2013 年版，第 509 页。

在了前所未有的高度。今天，我们站在全人类历史发展的文明高度来审视自己，来看待中国国家的发展，这代表着中国国家发展的一种科学性视角和一种科学意识形态。我们要把自己国家的发展放置到人类文明进化的总趋势、总潮流中去，我们要保持对人类历史和人类文明的自觉，从历史发展和文明的潮流和趋势规律的层面上去理解、架构我们国家的发展。这样的发展才是有生命力的，才是符合历史规律和文明演变规律的发展。

人类文明新形态是现代国家发展意识的一种高度觉醒，代表的是一种规律性、自觉性、自主性的力量，是一种有前途、有未来的力量。这种意识里既包含主观认识和客观规律二者的统一，也包含主观认识对客观规律的尊重。从文明的角度来审视中国，这是一种进步。

一个14亿多人口的国家，全世界第一大政党领导的国家，全世界第二大经济体的国家，在民族的发展进程中，应该具备历史和文明的意识和自觉性。我们的这种担当意识、作为意识，这种大历史视角和文明意识，是和我们国家发展的阶段、发展的身份、发展的地位以及自身情况相匹配的，这种发展就是好的发展。

第三个问题

人类文明新形态"新"在哪里，如何把握它的具体内涵？

党的十九届六中全会明确指出："党领导人民成功走出中国式现代化道路，创造了人类文明新形态，拓展了发展中国家走向现代化的途径，给世界上那些既希望加快发展又希望保持自身独立性的国家和民族提供了全新选择。"①党领导人民创造了人类文明新形态，打破了现代化就意味着西方化的虚假想象，在现代化意义上实现了路径超越。理解人类文明新形态的内涵，就应该从这种文明实践的过程及其价值角度进行说明。从空间维度来看，人类文明新形态饱含丰富的中国地域元素，是中国特色社会主义实践所代表的文明类型；从时间维度来看，人类文明新形态是相

①《中共中央关于党的百年奋斗重大成就和历史经验的决议》，人民出版社 2021 年版，第 64 页。

对过去的文明类型而言的，尤其是相对于当代资本主义主流文明形态而言的；从政治维度来看，领导人类文明新形态创造过程的权力结构和组织类型不同于现代资本主义政治现实，它有自身独特的组织力量与权力运作方式。

中国特色社会主义道路走出来的人类文明新形态，具有极强的丰富性和实践性，在认识和把握其内涵上应该具备宽广的视角和多元的角度。

人类文明新形态新在"理念"上，显然不同于资本主义的单一资本逻辑，其核心价值理念明确倡导"以人民为中心"，强调尊重人民主体地位和首创精神。"以人民为中心"与"以资本为中心"，完全是人类历史在不同发展阶段的不同选择，中国共产党明确主张"没有任何自己特殊的利益"，把人民利益放在最高位置，公开表明"从来不代表任何利益集团、任何权势团体、任何特权阶层的利益"[1]，只代表中国最广大人民的根本利益，永远把人民对美好生活的向往作为奋斗目标，坚持共建共治共享，坚持国家利益和个人利益有机结合，以促进人的全面发展和实现全体人民共同富裕。

人类文明新形态新在"道路"上，主要体现为物质文

---

① 《中共中央关于党的百年奋斗重大成就和历史经验的决议》，人民出版社 2021 年版，第 66 页。

明、政治文明、精神文明、社会文明、生态文明协调发展的新型实践方式，这种发展方式强调内部实践结构的健全与平衡，突出全面、协调与可持续性的科学统一。

人类文明新形态新在"制度"上，党带领人民在社会主义现代化建设实践中形成了更加成熟和更加定型的中国特色社会主义制度。中国共产党领导是中国特色社会主义最本质的特征，是中国特色社会主义制度的最大优势。坚持中国共产党的领导、人民当家作主、依法治国三者有机统一，是这一文明形态的独特结构。它的制度特征、制度结构、制度价值和西方三权分立的制度文明是不同的，人类文明新形态不是权力的分立，而是主体力量的平衡，是坚持以马克思主义为指导，传统文明与现代文明相统一，民族精神与时代精神相结合，中华文明与外来优秀文明成果相融合的一种文明形态。在抗击新冠肺炎疫情等全球重大公共危机中，这一文明实践展现出了极强的制度竞争力，在全社会展现出来的现实领导力、组织力和执行力都是无与伦比的。

就内部结构而言，党领导人民在社会主义现代化建设实践中开创的人类文明新形态，不仅代表着光明的前景，而且代表着先进的现实活动能力。

从物质文明的角度讲，人类文明新形态和以往物质文明的创造方式、创造结果都不同。它是"坚持解放生产力和发展生产力相统一、坚持以公有制为主体与多种所有制共同发展相统一、坚持按劳分配为主与多种分配方式相统一、坚持社会主义市场经济与发挥政府作用相统一、坚持部分先富与共同富裕相统一的文明新形态"[①]。从中，我们可以看到，中国发展道路在实践中的生产方式、生产过程走出了自身特点，走出了自身的差异化。

从社会文明的角度讲，"人类文明新形态是以保障和改善民生为导向、不断推进国家治理体系和治理能力现代化，坚持总体国家安全观，确保社会持续稳定、发展、安全的文明新形态"[②]。

从生态文明的角度讲，"人类文明新形态是坚持人与自然和谐共生、节约资源与保护环境有机结合，坚定走生产发展、生活富裕、生态良好的文明发展道路的文明新形态"[③]。

从国际文明的角度讲，"人类文明新形态是高举和平、发展、合作、共赢旗帜，奉行独立自主和平外交政策，坚持走和平发展道路，推动建设新型国际关系，致力构建人

[①] 韩振锋：《正确认识和把握人类文明新形态》，《河北日报》2021年9月10日。

[②] 同上。

[③] 同上。

类命运共同体的文明新形态"①。

人类文明新形态主张人类命运休戚相关、人类命运是普遍联系的，不是零和博弈，不是你死我活。这种国际观和西方霸权主义美国优先的国际立场是截然不同的。

---

① 韩振锋：《正确认识和把握人类文明新形态》，《河北日报》2021年9月10日。

第四个问题

如何理解人类文明新形态是在中国式现代化新道路实践中开创的？

　　人类文明新形态是怎么形成的？为什么说人类文明新形态是在中国式现代化新道路实践中开创的？胡锦涛同志在党的十七大上讲道，"决不走封闭僵化的老路，也决不走改旗易帜的邪路"①。党的十九届六中全会通过的《中共中央关于党的百年奋斗重大成就和历史经验的决议》（以下简称《决议》）指出："只要我们既不走封闭僵化的老路，也不走改旗易帜的邪路，坚定不移走中国特色社会主义道路，就一定能够把我国建设成为富强民主文明和谐美丽的社会主义现代化强国。"② 这里的不走老路、不走邪路

---

　　① 《胡锦涛文选》第三卷，人民出版社 2016 年版，第 159 页。
　　② 《中共中央关于党的百年奋斗重大成就和历史经验的决议》，人民出版社 2021 年版，第 68 页。

代表中国走的是现代化道路，人类文明新形态既是我们慎重的、自觉的选择，也是我们历史的、实践的选择，还是我们理性的选择。

《决议》还强调："党的十九大对实现第二个百年奋斗目标作出分两个阶段推进的战略安排。从二〇二〇年到二〇三五年基本实现社会主义现代化，从二〇三五年到本世纪中叶把我国建成社会主义现代化强国。到那时，我国物质文明、政治文明、精神文明、社会文明、生态文明将全面提升，实现国家治理体系和治理能力现代化，成为综合国力和国际影响力领先的国家，全体人民共同富裕基本实现，我国人民将享有更加幸福安康的生活，中华民族将以更加昂扬的姿态屹立于世界民族之林。"[①] 这里指出的中国式现代化新道路的前景极其光明，美好生活意味着民族和国家具有充满希望的未来。

面对中国式现代化新道路的发展前景，现在就要明确发展方向，我们应该坚定"四个自信"，应该坚定基本的现代化的立场，应该坚定关于中国社会发展的文明价值和自我评价。可以说，到本世纪中叶，人类文明新形态所要实现的社会发展高度、美好生活程度，在人类历史上都是独一无二的。

---

① 《中共中央关于党的百年奋斗重大成就和历史经验的决议》，人民出版社 2021 年版，第 71—72 页。

当今世界，没有哪一个国家、哪一个政党自觉主动地提出这个问题，中国明确提出到本世纪中叶的国家发展愿景和目标，这个规划和愿景目标是有意义的。中国的体制既能说"大话"，还能说"小话"。说"大话"是指我们可以说两个一百年的远景规划，2035年的远景规划，本世纪中叶的现代化强国目标规划；说"小话"是指我们可以立足当下，立足当前正在做的事情，说我们现在要干什么、应该怎么干。所以，我们把说"大话"和说"小话"、把说管长远的话和说管眼前的话结合起来，既有方向，又有目标，还有立足于脚下的实际行动。有梦想、有目标、有愿景，这样的国家一定是有未来、有前途的国家，一定是有希望的国家。人类文明新形态，所代表的就是中华民族独立自主的繁荣增长之路，就是中华民族欣欣向荣的发展之路，就是中华民族不断地从成功走向成功，从胜利走向胜利的典型成功之路。

人类文明新形态是在中国共产党领导中国人民尊重客观规律的前提下，立足中国革命建设改革实践，把马克思主义基本原理同中国实际、中国文化相结合的伟大创造，既有别于西方的资本主义文明形态，也不同于苏联模式的社会主义文明形态，是在中国本土的实践基础之上、理论基础之上、政治基础之上的一种理论创新、实践创新、制度创新、政治创新。这种创新里面既包含中国实践元素，也包含马克思主义理论元素；既包含中国的历史元素，也包含中国现代最先进的元素。这种人类文明新形态包含四个基本元素：发展了的马克思主义、激活了的中华文明、发展中的中国实践、借鉴吸收了人类文明的一切先进成果。四个基本元素包括内部因素和外部因素两个方面：内部因素——激活了的中华文明、发展中的中国实践；外部因素——发展了的马克思主义、借鉴吸收了人类文明的一切先进成果。这四个基本元素构成了人类文明新形态的基本结构。

综合来讲，中国所创造的人类文明新形态就是理论和实践的统一，既有深厚的理论基础，也有广阔的实践场景，把实践场景和理论基础两个方面有机地自觉地统一起来。

我们要想把握中国实践所形成的人类文明新形态，主要从以下几个方面：第一，它是在中国特色社会主义与中华文明相结合的过程中，呈现的社会主义文明新形态。第二，它是在社会主义先进文化、革命文化、中华优秀传统文化三者有机融合和创新发展基础之上，呈现的文明新形态。第三，它是在推动中国特色社会主义物质文明、政治文明、精神文明、社会文明、生态文明协调发展的过程中，呈现出的文明新形态。第四，它是在吸收人类优秀文明成果的基础上，呈现的中华文明新形态。

通过我们对中国创造的人类文明新形态形成过程的梳理，可以看出其有四个方面的基本特性：是对中华民族传统文化的现代继承和创新发展，是中国共产党不懈推进马克思主义中国化时代化的产物，是中国共产党团结带领中国人民在英勇顽强的奋斗实践中创造的文明奇迹，是物质文明、政治文明、精神文明、社会文明、生态文明整体推进全面发展的文明。

第五个问题

如何准确理解开创人类文明新形态的重大实践价值？

人类文明新形态与中国式现代化新道路彰显着人民至上的鲜明立场和价值追求，体现了开放包容、命运与共的天下情怀。这种中国式现代化新道路、人类文明新形态，其实践效果、成就、作用、价值是巨大的。

习近平总书记在庆祝中国共产党成立 100 周年大会上的讲话中指出："中国共产党和中国人民以英勇顽强的奋斗向世界庄严宣告，改革开放是决定当代中国前途命运的关键一招，中国大踏步赶上了时代！"这表明中国式现代化新道路、中国所创造的人类文明新形态是富有效率的，是能够解决问题的，是能够弥补我们和西方社会发展的差距的，是能够帮助我们赶上时代潮流和时代发展的。这种人类文明新形态可以帮助我们解决国家发展曾经的欠账，能够实现后发国家迅速赶超的现代化道路，表现出卓越的效率优势，展现出强大的赶超功能，让我们大踏步地赶上了时代。它是一种能够实现国家发展的积极尝试和探索，是一条能够帮助发展中国家逐步摆脱贫困、走向成功的道路，是一条能够帮助我们完成从站起来到富起来再到强起来的巨大历史蜕变的道路。

我们对于人类文明新形态要觉悟和珍惜，要给予它应有的理论地位、政治地位和历史地位。习近平总书记指出："可以说，在人类文明发展史上，除了中国特色社会主义制度和国家治理体系外，没有任何一种国家制度和国家治理体系能够在这样短的历史时期内创造出我国取得的经济快速发展、社会长期稳定这样的奇迹。"①

所以，我们说中国式现代化新道路和人类文明新形态，从内容上讲是相互贯通、辩证统一的。中国式现代化新道路是创造奇迹的一条路、是实现奇迹的一条路，不是寻常路、不是一般路，是带有巨大历史进步特征和巨大实践优越性的一条路。中国式现代化和人类文明新形态，本质上是合二为一的。中国式现代化是路，人类文明新形态是道，路是我们的实践，道是我们对实践的一种理论、制度与政治的总结。中国式现代化新道

① 《习近平谈治国理政》第三卷，外文出版社 2020 年版，第 124 页。

路的实践与人类文明新形态的先进理念价值，共同形成了独具创新的中国模式，开创了中国独立自主的发展道路。

中国式现代化新道路和人类文明新形态，体现了中国发展和世界发展之间的关系，以及中国当代发展和世界历史进程之间的关系。

第六个问题

如何理解人类文明新形态形成的 实践过程和历史逻辑?

从政治层面看,人类文明新形态这一重要论断是一步步走进国家和民族视野,走进理论和意识形态层面,成为政治上、理论上的一种认识和共识的。毛泽东同志在《人的正确思想是从哪里来的?》一文中指出,人的正确思想,只能从社会实践中来。从中国实践到中国理论,从中国实践到中国意识再到中国思想,一定是遵循了客观实践的历史过程。从过程上讲,党的十九届六中全会通过的《中共中央关于党的百年奋斗重大成就和历史经验的决议》,对中华民族一百年来的历史进程作了一个历史性、整体性、结论性的描述。

按照党的十九届六中全会的基本精神,党的百年奋斗历程可以分成以下四个历史阶段。第一个阶段是新民主主义革命时期。这一时期"实现了中国从几千年封建专制政治向人民民主的伟大飞跃"。[①] 其历史功能价值在于推动民族历史进程从封建专制的政治进程走向人民民主。

第二个阶段是社会主义革命和建设时期。其历史功能有两方面：一个是思想理论功能；另一个是实践功能。思想理论功能是实现了"马克思主义中国化的第一次历史性飞跃"，[②] 实践功能是"实现了一穷二白、人口众多的东方大国大步迈进社会主义社会的伟大飞跃"。[③] 这一时期实现了我们在理论和实践上的飞跃，使我国社会发生了社会性质、社会形态的根本改变。

第三个阶段是改革开放和社会主义现代化建设时期。这一时期也实现了两个方面的飞跃：一个是理论飞跃；另一个是实践飞跃。理论的飞跃是"形成中国特色社会主义理论体系，实现了马克思主义中国化新的飞跃"，[④] 即第二次历史性飞跃；实践的飞跃是"实现了人民生活从温饱不

---

① 《中国共产党第十九届中央委员会第六次全体会议文件汇编》，人民出版社 2021 年版，第 28 页。

② 《中国共产党第十九届中央委员会第六次全体会议文件汇编》，人民出版社 2021 年版，第 33 页。

③ 《中国共产党第十九届中央委员会第六次全体会议文件汇编》，人民出版社 2021 年版，第 34 页。

④ 《中国共产党第十九届中央委员会第六次全体会议文件汇编》，人民出版社 2021 年版，第 39 页。

足到总体小康、奔向全面小康的历史性跨越，推进了中华民族从站起来到富起来的伟大飞跃"。①

第四个阶段是党的十八大以来，中国特色社会主义进入新时代。这一时期也实现了两个方面的飞跃。理论的飞跃体现为："习近平新时代中国特色社会主义思想是当代中国马克思主义、二十一世纪马克思主义，是中华文化和中国精神的时代精华，实现了马克思主义中国化新的飞跃。"② 这是马克思主义中国化的第三次历史性飞跃。实践的飞跃体现为："中华民族迎来了从站起来、富起来到强起来的伟大飞跃"。③

从新民主主义革命时期到中国特色社会主义进入新时代，构成了中国共产党百年历史的基本结构，这四个历史阶段，分别承担了四个方面的历史功能、历史作用，实现了理论和实践的多次飞跃，构成了整个中华民族历史进步的总节奏、总基调，构成了人类文明新形态形成的基本过程、基本步骤，把我们从一个一穷二白、人口众多的东方

① 《中国共产党第十九届中央委员会第六次全体会议文件汇编》，人民出版社 2021 年版，第 44 页。

② 《中国共产党第十九届中央委员会第六次全体会议文件汇编》，人民出版社 2021 年版，第 48 页。

③ 《中国共产党第十九届中央委员会第六次全体会议文件汇编》，人民出版社 2021 年版，第 90 页。

大国，飞跃成当今世界第二大经济体，创造了独特的中国式现代化新道路，创造了拥有独特精神与实践结构的现代文明国家。我们创造了人类文明新的理论形态、政治形态、实践形态、制度形态，和历史上所有文明的现代化道路都不一样，我们走出了一条独特的、更先进的现代化道路。

中国式现代化新道路代表我们的实践和作为，人类文明新形态代表其实现的价值和意义。一个是行为，一个是价值，共同构成了当代中国文明的基本形态和结构。当代的中国文明包含物质文明、政治文明、精神文明、社会文明和生态文明。在具体展开的过程中有它的历史过程、历史展开形态，分别在经济建设、政治建设、文化建设、社会建设、生态文明建设上，有其实践性的做法和基础，再加上时间变量的长期积累、长期结构化、长期整体化，最后上升为人类文明的新形态和新高度。这是当代中国 100 年的历史进程所具有的历史含义、政治含义和理论含义。这是一步步由初级到高级，不断地发展，不断地在理论上、实践上完善的过程，也是自我不断地结构化的过程。

第七个问题

为什么说中国社会主要矛盾变化是推动人类文明新形态形成的主要动力？

在对这个问题的把握上，离不开中国社会发展的内在逻辑、主导逻辑。中国社会的发展是围绕着解决中国社会问题的发展，不是一开始就给自己贴着人类文明新形态标签的，而是先有中国的发展，再有中国发展基础之上的文明。

在中国发展过程中，社会的主要矛盾就是社会的主要问题，就是社会发展的核心问题。人类文明新形态的形成，是伴随着中国社会不断解决自身问题的过程形成的。中国社会的主要矛盾经历的不同历史时期的变化，也代表了中国社会在现代化探索的过程中，不同的历史阶段和不同的发展阶段，由矛盾的初级阶段到矛盾的高级阶段、由简单的矛盾到复杂的矛盾变化的过程，代表着中国社会的发展和进步。这个发展进步是在矛盾的迭代上，以复杂矛盾代替简单矛盾，以高阶矛盾代替低阶矛盾，这是对整个社会发展进步的一种逻辑的、哲学的表达。

第一次提出中国社会主要矛盾是在新中国成立之后党的八大的时候。1956年，党的八大第一次正式对中国社会当时面临的主要矛盾作出了政治层面上的概括。对中国社会主要矛盾概括了两个方面：一是人民对于建立先进的工业国的要求同落后的农业国的现实之间的矛盾；二是"人民对于经济文化迅速发展的需要同当前经济文化不能满足人民需要的状况之间的矛盾"①，实际上是经济文化的供给和需求之间的矛盾，这里说的是需要和不能满足需要之间的矛盾。当时，中国社会作为一个革命后的国家，一个经济、文化、社会建设基础都比较薄弱、千疮百孔的国家，一个百废待兴的国家，必然表现为经济上、政治上、精神上的落后与贫困。这些带来的核心问题是短缺，即庞大的社会需求和社会供给能力不足之间的矛盾。

1956年三大改造彻底完成，社会主义的过渡时期总路线基本完成，但过渡时期完成的只是一个社会的基本经济结构、基本社会形态的改造。关于社会的领导理论、社会

---

① 《中共中央关于党的百年奋斗重大成就和历史经验的决议》，人民出版社2021年版，第11页。

的政策理论，当时的认识和看法还不够理性、不够自觉、不够成熟。当时的主要矛盾，即"人民对于建立先进的工业国的要求同落后的农业国的现实的矛盾，已经是人民对于经济文化迅速发展的需要同当前经济不能满足人民需要的状况之间的矛盾"[①]，是一种简单的初级矛盾，主导了中国社会主义建设20多年的艰辛探索。

在这种主要矛盾的认识基础上，我们形成了自身的根本经济制度，发展了自身的经济能力，提升了自身的经济实力，逐步满足了人民群众的基本需要。矛盾的理论形态的简单化不代表矛盾在整个政治决策和政治实践中不起作用，这个基本判断所表达的含义是准确真实的。

第二次提出主要矛盾是在党的十一届六中全会上。1978年改革开放之后，我们的思想、理论、实践、政治观念都取得了巨大进步。用这种进步了与变化了的观念和眼光来审视中国社会，能够把中国社会看得更全面、更准确。因此，党的十一届六中全会对中国社会主要矛盾的概括表述在逻辑上及表达的理论形态上更加科学，即"人民日益增长的物质文化需要同落后的社会生产之间的矛盾"。[②]这

[①] 　中共中央文献研究室：《建国以来重要文献选编》第九册，中央文献出版社1994年版，第341页。

[②] 　《中共中央关于党的百年奋斗重大成就和历史经验的决议》，人民出版社2021年版，第17页。

一主要矛盾的表述，基本上主导了中国社会改革开放 30 多年的时间。正是在这样的主要矛盾判断的前提下，开启改革开放、经济体制改革，我们实现了从站起来到富起来的巨大转变。随着对中国社会矛盾认识的一步步深化，我们的政策供给、国家的基本国策和基本战略越来越科学、越来越准确。

第三次提出主要矛盾是党的十八大以来，根据新发展的中国实际，习近平总书记在党的十九大上对我国社会的主要矛盾作出了全新的概括，即"人民日益增长的美好生活需要和不平衡不充分的发展之间的矛盾"。这一表述比党的十一届六中全会的表述要更加科学精确。

如果说党的十一届六中全会提出的人民日益增长的物质文化需要同落后的社会生产之间的矛盾着重表达的是一个量化概念，那么党的十九大关于中国社会主要矛盾的表述，从侧重量化的表述逐渐向侧重质量内涵的表述转变。从侧重量到侧重质的转变，本身就表明了中国社会的发展是由数量型发展向质量型发展的发展阶段，体现了社会发展内涵、发展要求的根本性变化。

如果说数量型发展是个总量的问题，那么质量型发展既有总量的问题，又有结构的问题。不平衡不充分的发展，本质上表达的是结构性和总量性双重不足的矛盾。

这种结构性和总量性双重不足制约的不是人民群众的基本需要，而是美好生活需要。第三次关于中国社会主要矛盾的表述和前两次相比，表达了中国社会发展的更高级的历史阶段、更先进的发展阶段。这个发展阶段的内容更加健全、更加深刻、更加丰富，这种内涵性的发展代替了过去的外延性发展，标志着中国社会的发展方式、发展阶段、发展理念发生了巨大转变。

因此，党的十九届五中全会提出的新发展阶段、新发展理念、新发展格局就是根据新的主要矛盾变化而来的。

这三个不同的历史时期中国社会主要矛盾的变化，本身表达的就是中国式现代化新道路不断探索和形成的一个过程，是人类文明新形态一步步在实践探索和理论探索中由初级形态走向高级形态、完整形态的政治认识。它的形成有其历史进程，从新民主主义革命时期到中国特色社会主义进入新时代的客观历史过程是不容忽视的，其在政治上是关于中国式现代化的理论认识、政治认识、实践认识逐步深化的一个过程。这种深化伴随着对中国社会主要矛盾的判断、认识的深化而展开，也就是人类文明新形态政治形成的过程。

第八个问题

如何认识和把握人类文明
新形态的内在理论逻辑?

人类文明新形态是在中国式现代化道路实践中形成的,中国找到了适合自己特点的发展道路,形成了建立富强民主文明和谐美丽的社会主义现代化强国的新目标;在总体发展上提出了国家治理体系和治理能力现代化的新课题;在坚持和发展中国特色社会主义道路上,倡导推动物质文明、政治文明、精神文明、社会文明、生态文明五大文明全面协调发展,把中国式的独特发展道路升华为中国式现代化新道路,升华为人类文明新形态这样一种全新的思想和理论逻辑。这种思想和理论逻辑又会进一步驱动中国发展、塑造中国发展、引领中国发展,让中国的发展更加具有自主性和自觉性,让中国的发展更加具有普遍性和方向感,屏蔽一切杂音,让我们能够真正在自己的道路上一心一意地向前、稳扎稳打地发展，这是整个国家发展智慧和发展能力的凝结和升华。

中国式现代化的特点，习近平总书记概括了五个方面："我国现代化是人口规模巨大的现代化，是全体人民共同富裕的现代化，是物质文明和精神文明相协调的现代化，是人与自然和谐共生的现代化，是走和平发展道路的现代化。"[①] 把握新发展阶段、贯彻新发展理念、构建新发展格局，新发展阶段和新发展能力要形成的发展实践和发展成果，就是我们在中国式现代化这条道路上走得更加自主自觉。按照人类文明新形态的构想和要求，重塑我们的发展能力和发展面貌，从而提升我们的发展、驱动我们的发展，让我们的发展实现迭代和转型升级。相反地，用更好的发展、更高质量的发展来推动人类文明新形态的形成，为人类文明新形态作出实践中的杰出贡献。

中国式现代化的政治节奏是非常清晰的。2021 年 1 月 11 日习近平总书记在省部级主要领导干部学习贯彻党的十九届五中全会精神专题研讨班上的讲话中指出："特别是全面建成小康社会取得伟大历史成果，解决困扰中华民族几千年的绝对贫困问题取得历史性成就。这在我国社会

---

① 习近平：《把握新发展阶段，贯彻新发展理念，构建新发展格局》，《求是》2021 年第 9 期。

主义现代化建设进程中具有里程碑意义，为我国进入新发展阶段、朝着第二个百年奋斗目标进军奠定了坚实基础。"我们解决了绝对贫困，这是独一无二的。几千年的人类历史中，有哪一个国家像中国这样彻底全面地解决了绝对贫困？中国式现代化新道路所取得的独一无二的成就与价值，本身就表明了它的优越性，以及它的历史价值和世界价值。我们关于现代化的思考是逐渐走向深入的，这个问题在理论上、实践上还需要不断地论证。

习近平总书记强调："社会主义初级阶段不是一个静态、一成不变、停滞不前的阶段，也不是一个自发、被动、不用费多大气力自然而然就可以跨过的阶段，而是一个动态、积极有为、始终洋溢着蓬勃生机活力的过程，是一个阶梯式递进、不断发展进步、日益接近质的飞跃的量的积累和发展变化的过程。"[①] 从理论到实践，从量变到质变，从形式到内容正是人类文明新形态内在逻辑的展开和形成过程。

---

① 习近平：《把握新发展阶段，贯彻新发展理念，构建新发展格局》，《求是》2021 年第 9 期。

第九个问题

如何在中国式现代化发展的整体逻辑中去把握人类文明新形态的未来发展？

全面建设社会主义现代化国家，基本实现社会主义现代化，既是社会主义初级阶段我国发展的要求，也是我国社会主义从初级阶段向更高阶段迈进的要求。这是中国共产党的精神能力、理论能力不断地对中国社会的发展进程作出的自觉性思考。在这种自觉性意识面前，我们清晰地追求更高阶段的发展。在这种自觉的更高阶段的发展过程中，我们的目标、方向、总体要求、构想是什么？人类文明新形态、中国式现代化新道路就是对这种更高阶段发展的一种总体描述。

在时间上，我们的路线图很清晰。新发展阶段用三个五年规划的时间，到2035年基本实现社会主义现代化；再用三个五年规划的时间，到本世纪中叶，把我国建设成为富强民主文明和谐美丽的社会主义现代化强国。富强民主文明和谐美丽相对应的就是物质文明、政治文明、精神文明、社会文明、生态文明五大文明共同发展、齐头并进。当五大文明达到一个前所未有的全新的发展高度时，就是社会主义现代化强国的阶段，其具体实践就是从经济建设、政治建设、文化建设、社会建设、生态文明建设几个方面强起来。

从这个角度讲，我们对人类文明新形态、对中国式现代化新道路，一定要保持足够的理论自觉、政治自觉和实践自觉，对此要正面、积极地看待，要用带有建设性的眼光去看待，它代表国家一种强烈的发展意愿，一种更高发展阶段的构想。在这个构想中不仅是在谋国内的事、谋自己的事，也有关于世界发展的构想。2017 年 1 月 18 日，习近平主席在联合国日内瓦总部发表了《共同构建人类命运共同体》主旨演讲，指出："国际社会要从伙伴关系、安全格局、经济发展、文明交流、生态建设等方面作出努力。"[①]2018 年 5 月 4 日，习近平总书记在纪念马克思诞辰 200 周年纪念大会上的讲话中指出："我们要站在世界历史的高度审视当今世界发展趋势和面临的重大问题，坚持和

---

① 习近平：《习近平主席在出席世界经济论坛 2017 年年会和访问联合国日内瓦总部时的演讲》，人民出版社 2017 年版，第 24 页。

平发展道路，坚持独立自主的和平外交政策，坚持互利共赢的开放战略，不断拓展同世界各国的合作，积极参与全球治理，在更多领域、更高层面上实现合作共赢、共同发展，不依附别人、更不掠夺别人，同各国人民一道努力构建人类命运共同体，把世界建设得更加美好。"①这是中国对世界的贡献和奉献。我们贡献的不是单纯的 GDP，而是一种更高的价值追求、一种更全面发展的文明形态。

在中国发展道路的总体构想、人类命运共同体、"一带一路"建设、人类文明新形态中，我们既有关于全球的思考，也有关于中国和世界关系的思考，我们要对世界发展、全球公共治理作出贡献，要提供相应的优质公共产品。中国式现代化新道路，是中国向全球治理所作出的杰出贡献，为世界贡献了中国智慧、中国方案、中国力量。它是一个积极正向的、先进的过程，是国际治理结构、国际治理格局、国际治理力量、国际治理理念的一种重大调整。

我们对中国式现代化所创造的人类文明新形态要有清醒的认识，它植根于文明的传承与创造，吸收了人类创造的一切优秀文明成果，包含古今中外的先进文明成果。这里的古今指的是时间，中外指的是空间。从目标上看，在

---

① 习近平:《在纪念马克思诞辰 200 周年大会上的讲话》，人民出版社 2018 年版，第 22—23 页。

形成人类文明新形态这个过程中我们提到的小康社会来自中国传统文化；从发展方式上看，人类文明新形态延续了中华民族的集体主义、集中力量办大事的优势，有民族的文化基因、精神基因；从社会共识上看，我们强调义利并重、推己及人的道德观念，这种价值观的精神特点，为中国式现代化新道路提供了深厚的历史资源和精神资源。

我们还"坚持把马克思主义基本原理同中国具体实际相结合、同中华优秀传统文化相结合"。① 因此，以习近平新时代中国特色社会主义思想为主要内容的人类文明新形态是中华文化和中国精神的时代精华，包含着强烈的中国基因，同时也有马克思主义基因，是中国基因和马克思主义基因的迭代和更先进的组合，形成了一种当代先进的中国思想。

人类文明新形态的形成离不开中国式现代化进程中"引进来""走出去"的中国改革开放的大背景，离不开以改革开放为代表的中国和世界频繁的全领域合作与互动的大背景。正是在全球高频率的流动性中，中国积极地融入世界，参与全球化。在参与全球化的进程中，我们兼容并包，形成了自身发展的智慧和道路，取得了自身发展的成

---

① 《中国共产党第十九届中央委员会第六次全体会议文件汇编》，人民出版社 2021 年版，第 96 页。

果。人类文明新形态不仅面向过去、面向现在，它还面向未来，代表人类社会发展的一种趋势、一种方向，代表社会主义发展的一种趋势、一种方向，代表现代化发展的一种趋势、一种方向。我们讲公有制和非公有制、个人主义和集体主义、增量的改革和存量的调整，要尽可能地把这些在数量型发展和质量型发展维度上的思考，整合到中国式现代化道路创造的人类文明新形态实践当中去。

第十个问题

如何理解人类文明新形态背景下的中国新发展转变?

从社会发展阶段和形态层面讲,中国式现代化新道路从根本上改变了中国社会的基本形态和功能,从农业社会到工业社会、信息社会的转变,不只是社会形态面貌的变化,社会面貌背后的形态结构改变,意味着社会的功能和作用会发生性质的变化。结构决定功能,新的社会形态结构决定新的社会功能和作用。全面认识人类文明新形态的开创,必须回到中国当前社会新发展的结构改变当中,以"新发展理念、新发展阶段、新发展格局"为标志的新发展型态,无疑成为当代中国发展的显著特征,以此为基础对中国社会功能变化进行审视,在社会功能变迁与迭代中理解人类文明新形态的真实价值与作用。

（1）新发展阶段的转变——由本土到全球

改革开放的基本国策，在于通过改革实现对内、对外开放，通过开放内外空间实现经济社会的增长和发展。改革是激发动力，开放是拓展空间，增强动力和扩张空间的过程就是培育和壮大发展能力的过程，就是经济和社会获得增长的过程。中国要想获得国际增长的空间优势和力量，就必须充分发挥和交换自身的比较优势。在经济发展的初级阶段，技术、资本、管理和人才等要素的短缺都是制约经济增长的明显短板，所以中国改革开放的优势注定不是经济能力优势和中高级要素优势，只能是初级形态的要素优势。资本化、市场化的程度低，意味着自然要素的价格和开发增值空间大，也意味着利润获得和利润空间增幅巨大，所以初始开放的过程就是市场和要素交换技术、资本、管理和人才的过程。低廉的要素价格对国际市场和国际资本展现出巨大的吸引力，海量的国际资本、项目和技术迅速流入中国，使中国的改革开放取得了第一步的成功。以"来料加工、来样加工、来件装配和补偿贸易"为代表的"三来一补"国际贸易就是这个阶段扩大改革开放的典型路径。

2001 年 11 月 20 日，世贸组织总干事迈克尔·穆尔致函世贸组织（WTO）成员，宣布中国政府已于 2001 年

11 月 11 日接受《中国加入世贸组织议定书》，这个议定书将于 12 月 11 日生效，中国于 12 月 11 日正式成为世贸组织第 143 个成员，意味着中国的改革开放由初级阶段发展到中高级阶段，真正开始在全球空间内进行更大范围和更高层次的开放与发展。"三来一补"的初级贸易形态逐渐被以各级政府为主导的"招商引资"项目所取代，通过自觉的政策优化和配套，积极主动的争取国际贸易和经济交往的主动权。以中国加入 WTO 为契机，中国改革开放发生了巨大变化，由局部空间转变到全球空间、由完全被动转变到逐步主动、由单纯要素输出转变到"市场换技术"，改革开放的进程取得了历史性增长。世界经济一体化、全球化是当今世界经济发展的主流趋势，中国加入这个主流，可以充分分享国际分工利益，与世界先进经济技术同步前进。加入 WTO 可以帮助中国经济更好地融入国际经济社会，更好地利用国际资源和国际市场的优化资源配置功能，发展我国的社会主义市场经济。加入 WTO，使我国在国际经济舞台上拥有更大的发言权，建立公平合理的国际经济新秩序，维护包括我国在内的发展中国家的利益，推进我国市场经济的健全和完善。通过积极主动扩大出口贸易、引进外资，有利于激发中国企业的竞争意识和技术进步，有利于扩大就业和促进 GDP 增长。

如果说加入 WTO，促进和增强国家发展能力，获得以西方为主导的全球贸易空间优势，是我国改革开放到了一定程度的阶段性策略，那么随着 WTO 红利的逐步兑现，中国发展势必要从战略、策略到政策上继续调整，从数量、质量到空间上继续提升，从速度、质量、结构到效益上继续优化，实现从被动型增长到主动型增长转变，从数量型增长到质量型增长转变，从外延式增长到内涵式增长转变，这些都是中国发展到了一定历史阶段和特定水平必须要面对的新课题。转变经济发展方式，拓宽经济发展空间，实现共建共治共享的转变，是新时代中国继续发展的必然选择。2013 年 9 月，国家主席习近平在出访中亚期间，首次提出共建"丝绸之路经济带"，同年 10 月，又提出共同建设"21 世纪海上丝绸之路"，这二者共同构成了"一带一路"倡议。2014 年 11 月 4 日，习近平总书记主持召开中央财经领导小组第八次会议，指出丝绸之路经济带和 21 世纪海上丝绸之路规划顺应了时代要求和各国加快发展的愿望，提供了一个包容性巨大的发展平台，具有深厚历史渊源和人文基础，能够把快速发展的中国经济同沿线国家的利益结合起来。要集中力量办好这件大事，秉持亲、诚、惠、容的周边外交理念，近睦远交，使沿线国家对我们更认同、更亲近、更支持。"一带一路"倡议，有利于扩大和深化对外开放。在改革开放的进程中自觉提出"一带一路"倡议，在扩大和提升改革开放的意愿中丰富和完善"一带一路"倡议的内涵和价值，在新时代中国特色社会主义的政治创造中完成"一带一路"倡议的内外认同和支持，在国际政治经济治理的新格局中塑造"一带一路"倡议的国际话语权和生存空间，是新时代改革开放的重大历史任务和先进形态。正如习近平总书记所说："从历史维度看，人类社会正处在一个大发展大变革大调整时代。世界多极化、经济全球化、社会信息化、文化多样化深入发展，和平发展的大势日益强劲，变革创新的步伐持续向前。各国之间的联系从来没有像今天这样紧密，世界人民对美好生活的向往从来没有像今天这样强烈，人类战胜困难的手段从来没有像今天这样丰富。从现实维度看，我们正处在一个挑战频发的世界。世界经济增长需要新动力，发展需要更加普惠平衡，贫富差距鸿沟有待弥合。地区热点持续动荡，恐怖主义蔓延肆虐。和平赤字、发展赤字、治理赤字，是摆在全人类面前的严峻挑战。这是我一直思考的问题。"[1]

---

[1] 习近平：《携手推进"一带一路"建设——在"一带一路"国际合作高峰论坛开幕式上的演讲》，人民出版社 2017 年版，第 4 页。

（2）新发展理念的转变——"引进来"和"走出去"相结合

党的十六大报告指出，坚持"引进来"和"走出去"相结合，全面提高对外开放水平。适应经济全球化和加入世贸组织的新形势，在更大范围、更广领域和更高层次上参与国际经济技术合作和竞争，充分利用国际国内两个市场，优化资源配置，拓宽发展空间，以开放促改革促发展。实施"走出去"战略是对外开放新阶段的重大举措。鼓励和支持有比较优势的各种所有制企业对外投资，带动商品和劳务出口，形成一批有实力的跨国企业和著名品牌。积极参与区域经济交流和合作。自觉把"引进来"和"走出去"战略并重，积极拓宽发展空间，以扩大开放谋求继续发展，充分展现出党领导和执政经济社会发展的良好能力，既是中国共产党对中国社会发展规律和节奏的自觉把握，也是中国经济社会发展实现转型升级、自我超越的必然选择。经过40多年的改革开放，我国经济正在实行从"引进来"到"引进来"和"走出去"并重的重大转变，已经出现了市场、资源能源、投资"三头"对外深度融合的新局面。只有坚持对外开放，深度融入世界经济，才能实现可持续发展。由"引进来"到"走出去"的转变，是中国改革开放转型升级的需要，也是中国发展到了新的阶段的实践需要，是中国发展空间、发展能力、发展方式发生积极成长的内在需要——首先是为了实现中国自身又好又快发展的需要，其次是中国发展推动全球增长、履行大国责任的需要。从自我发展走向共同发展、从输入型发展到输出型发展、从被动跟随到主动引领，中国改革开放进入下半场，下半场中国将实现由客场向主场的积极转变。"走出去"是中国发展和世界发展的双重需要，"走出去"是改革开放取得伟大成就的现实体现。以改革开放为基本国策的中国经验和中国智慧，已经为中国发展的成就所证明，"走出去"不仅是中国的资本、技术、管理和项目的对外转移，同时也是中国经验、中国智慧、中国模式、中国道路、中国理论走向全球，为全球问题和全球增长提供解决方案。正如习近平总书记所说："'一带一路'建设植根于丝绸之路的历史土壤，重点面向亚欧非大陆，同时向所有朋友开放。不论来自亚洲、欧洲，还是非洲、美洲，都是'一带一路'建设国际合作的伙伴。'一带一路'建设将由大家共同商量，'一带一路'建设成果将由大家共同分享。"① 我们要将"一带一路"建设成为和平之路、繁荣之路、开放之路、创新之路、文明之路。要构建

---

① 习近平：《携手推进"一带一路"建设——在"一带一路"国际合作高峰论坛开幕式上的演讲》，人民出版社 2017 年版，第 14 页。

以合作共赢为核心的新型国际关系，打造对话不对抗、结伴不结盟的伙伴关系。聚焦发展这个根本性问题，扎扎实实推进经济走廊建设，深化互联互通和产业合作，完善金融保障体系。打造开放合作平台，建设开放、包容、普惠、平衡、共赢的经济全球化。"一带一路"作为全球公共产品，当然遵守国际规则，"共商共建共享"是推进"一带一路"的黄金法则，这六个字决定了"一带一路"合作具有鲜明的平等性、开放性和普惠性。"一带一路"既是中国实现"走出去"战略，赢得西方资本主义体系为主导的国际空间的有效途径，也是中国发展为全球治理提供的中国方案、作出的中国贡献。

（3）新发展格局的转变——本土中国到离岸中国

随着中国改革开放下半场的启动，中国社会的发展结构必将会发生实质性的变化。以日本为例，按照有关方面的统计，截至 2018 年初，日本拥有的海外资产已经超过其 GDP 的 2 倍，总资产达到 15 万亿美元。也就是说，日本实际拥有的海外资产已经有了很大规模，本国海外经济增长不仅带来主权国财富数量的增加，而且为主权国的经济发展寻找到了新的发展空间、发展力量和发展动力，把主权国的内部性增长优化为内部性和外部性的共同增长，以外部增长的空间、活力和要素来弥补内部增长的不足或者不平衡，以跨国投资或者项目来平衡主权国家发展遭遇的复杂国际环境和壁垒。正像中美贸易战引发的贸易保护主义一样，美国提高关税，势必会影响中国商品的出口，这种国家间的政治远非企业的力量所能够把握的。正常贸易条件下的企业行为在特定国际政治背景下可能就上升为风险，为了企业的经营安全和市场安全，很多企业都自觉选择分散投资，把部分项目和业务搬到海外市场，一方面可以规避沉重关税负担，另一方面可以降低生产和物流成本，使企业和产品更富有竞争优势。这种自下而上的市场逻辑在行业和企业发展中会发生作用，会实际影响企业的战略和行为。

从中国社会发展的整体阶段来讲，总需求的管理已经开始逐步让位于总供给的管理。"当前和今后一个时期，我国经济发展面临的问题，供给和需求两侧都有，但矛盾的主要方面在供给侧。比如，我国一些行业和产业产能严重过剩，同时大量关键装备、核心技术、高端产品还依赖进口，国内庞大的市场没有掌握在我们自己手中。再比如，我国农业发展形势很好，但一些供给没有很好适应需求变化，牛奶就难以满足消费者对质量、信誉保障的要求，大豆生产缺口很大而玉米增产则超过了需求增长，农产品库存也过大了。还比如，我国一些有大量购买力支撑的消费需求在国内得不到有效供给，消费者将大把钞票花费在出境购物、'海淘'购物上，购买的商品已从珠宝首饰、名包名表、名牌服饰、化妆品等奢侈品向电饭煲、马桶盖、奶粉、奶瓶等普通日用品延伸。据测算，2014 年我国居民出境旅行支出超过 1 万亿元人民币……推进供给侧结构性改革，要从生产端入手，重点是促进产能过剩有效化解，促进产业优化重组，降低企业成本，发展战略性新兴产业和现代服务业，增加公共产品和服务供给，提高供给结构对需求变化的适应性和灵活性。简言之，就是去产能、去库存、去杠杆、降成本、补短板。"[①] 中国经济发展出现结构性问题，一旦结构性问题叠加周期性问题，中国经济面临的压力就会骤然上升。要缓解中国经济的结构性问题，就要化解产能过剩的问题，产能过剩一方面要通过关停并转缩小总量，另一方面要通过"走出去"的战略实现产能转移。中国经济结构性问题的背后，根源还是投资和资本过剩，大量的资本进入传统领域和行业，迅速形成很多无效或低效的重复投资，进一步加剧产能过剩。过剩产能不等于劣质产能，大量优质和高效产能因规模过于庞大，造成短期供需失衡，而供大于求的局面必然造成价格

---

① 《习近平谈治国理政》第二卷，外文出版社 2018 年版，第 253—254 页。

第十个问题 如何理解人类文明新形态背景下的中国新发展转变？

和盈利形势不好，过剩产能不得不实际退出生产领域闲置起来，生产越多亏损越多，减少生产就是减少亏损，市场逆向反馈必然会抑制产能的投放。应对这种局面，一方面要对已有产能进行规模和结构调整，既要通过做减法去除低效和无效产能，又要通过战略转移对部分优质和高效产能实施国家和地区转移，通过国内市场溢出填补国际市场洼地和空白；另一方面要加大资金和项目的对外投资，把富余资金和技术有效投资到海外市场，真正形成项目和效益，通过投资和资本的全球化配置，从而缓解国内市场投资和资本过热，以及市场拥挤和效益不好的压力。企业、资本、项目、技术的全球迁移过程，就是本土中国到离岸中国发展壮大的过程，从区域市场到全球市场，从民族经济到全球经济，从局部空间到全球空间，既有利于中国经济发展重塑、解决结构性问题，也有利于中国经济转型升级、实现更高层次更高水平的发展。依托本土的资本、技术和管理优势，逐步扩大海外市场的规模、占比和总量，把地方经济转变成全球经济，充分利用全球资源、资金、技术和人才优势进行优化配置和优势互补，增强国家发展能力，增强中国全球竞争能力和提高市场份额，这是中国改革开放在积累内部优势和局部优势之后继续做大做强的必然选择。中国要想成为全球化的参与者、实践者和贡献者，就必须要积极融入全球化的进程，利用自身的优势换取全球范围的更大优势，利用自身的能力获得全球发展的更大能力，利用自身的发展换取全球更高水平的发展。这应该是中国改革开放下半场的重要使命，这个使命既是对中国改革开放上半场成色的考验，也是对中国改革开放下半场能力的考验。改革开放要想在更高层次更高水平取得成就，就必须在高质量高效益的"走出去"战略上有所作为，"走出去"战略应该是继续深化改革开放、继续坚持和完善新时代中国特色社会主义的关键一招。通过离岸中国的发展壮大，中国可以培育承担更大的国际责任和义务的条件手段，为国际社会的有效治理提供强有力的支持，贡献中国智慧、中国经验和中国力量。

第十一个问题

人类文明新形态的实践对全球治理体系变革产生哪些积极影响？

　　全球得到有效治理，为世界发展创造和平与安全的有利环境，应该是符合各国人民利益的。就目前全球治理的现状而言，传统治理体制和资源明显力不从心，在很多全球性问题和区域性问题上建设性不足，新型治理资源和能力短时间内难以形成，国际政治经济新格局新秩序迟迟不能接续，从而导致传统治理力量和现代治理力量双重不足，国际社会明显面临治理不力和治理短缺现象。全球治理资源匮乏，也意味着美国霸权主义治理传统在全球化多元主义治理时代逐渐陈旧，全球治理的民主时代和多边主义时代正在到来。中国作为过去 40 多年经济增长最快的国家，无疑正在成为全球治理的新生资源和新增力量，中国在当代世界获得增长，利用自身增长为全球治理贡献力量，这应该是世界成长的自然逻辑。然而，一旦这种自然逻辑和以美国为首的传统治理结构相遇，必然会遇到传统治理能力和治理结构的排斥，传统治理框架之所以逐渐式微，就是因为传统治理自身存在着局限和弊端。任何一种治理理论和实践都有其适用的历史环境和条件，一旦固守教条主义的作风，违背世界各国交往的民主化和平等化趋势，继续沿袭霸权主义思维和做法，必然会遭遇当今世界的一切新生力量的抵制和反抗。中国发展作为当代世界增长的重要部分，必然希望自身强劲增长获得应有的尊重和权益，得到国际治理的相应空间和份额。

美国一家独霸的传统治理让位于多边主义的民主治理，全球事务的零和博弈让位于共建共赢共享，这既是当代世界发展进步的必然结果，也是新型治理超越传统治理的价值优势所在。中国代表新兴市场和全球新增力量，必然在全球治理理论和实践上完成对传统治理的超越。人类命运共同体和"一带一路"倡议就是中国提供给当代世界的优质公共产品，这一公共产品的本质特点在于，它是一条共同参与、共同维护、共同受益的新型全球治理实践之路，和传统的全球治理模式相比，以构建人类命运共同体为目标的新型治理，无疑在治理目标和治理结果上更具先进性。人类命运共同体是一个合作共赢的全球实践结构，共同增长和共同受益是人类命运共同体的核心追求。"一带一路"倡议既是实现人类命运共同体的积极方法论，也是实现人类共同增长的具体路径和策略。正是通过人类命运共同体和"一带一路"倡议两大全新战略，中华民族的伟大复兴就同时转变为世界的共同增长，当代全球治理就可在中国崛起的进程中完成增长和繁荣，就可以新的增长和增量来满足治理世界的现实需要。

实现增长是当代全球治理的首要目标，中国增长是维系当代世界增长的主要路径和方式，中国增长不仅会给世界各国带来机会，也会在自身增长中为世界增长创造新的动能和空间。由于中国已是当今世界的第二大经济体，中国在世界增量中所占的权重和份额也越来越大。截至 2021 年底，中国 GDP 已占全球份额的 18%，所以中国好世界才会好，中国不好世界就不会好。以美国为首的西方治理体系往往无视这一客观事实和逻辑，甚至有意把这一世界客观增长情形政治化和意识形态化。以政治意识形态画线，不仅不能对中国的卓越发展和为世界增长作出的重大贡献予以积极的理解和肯定，而且还以维护公平的名义对中国增长进行围追堵截，充分说明了传统全球治理体系的陈旧、落后和衰败。

第十二个问题

人类文明新形态全球化实践的策略和路径是什么？

人类文明新形态的实践既有土本特征，又有极强的全球化特点，从中国本土实践走向世界历史进程，一方面代表了中国现代民族精神和发展能力的实质跃升，另一方面意味着推动以构建人类命运共同体、实施"一带一路"倡议为策略和路径的全球化实践。

（1）构建人类命运共同体

2017 年 1 月 18 日，习近平主席在瑞士日内瓦万国宫出席共商共筑人类命运共同体高级别会议，并发表题为《共同构建人类命运共同体》的主旨演讲时指出："让和平的薪火代代相传，让发展的动力源源不断，让文明的光芒熠熠生辉，是各国人民的期待，也是我们这一代政治家应有的担当。中国方案是：构建人类命运共同体，实现共赢共享。"此前，习近平主席在达沃斯世界经济论坛 2017 年年会开幕式上发表的题为《共担时代责任 共促全球发展》的主旨演讲同样指出，"人类已经成为你中有我、我中有你的命运共同体，利益高度融合，彼此相互依存"，"只要我们牢固树立人类命运共同体意识，携手努力、共同担当，同舟共济、共渡难关，就一定能够让世界更美好、让人民更幸福"。2017 年 3 月 23 日，联合国人权理事会第 34 次会议通过关于"经济、社会、文化权利"和"粮食权"的两个决议，构建人类命运共同体理念首次载入联合国人权理事会决议。至此，中国倡导的构建人类命运共同体建议普遍为世界所接受，成为思考和解决全球问题的最新理论和思想资源。从中国提出构建人类命运共同体的初始逻辑来看，主要是为了应对当今全球治理不力的局面。习近平主席在《共担时代责任 共促全球发展》的主旨演讲中还指出："全球经济治理体系变革紧迫性越来越突出，国际社会呼声越来越高。全球治理体系只有适应国际经济格局新要求，才能为全球经济提供有力保障。国家不分大小、强弱、贫富，都是国际社会平等成员，理应平等参与决策、享受权利、履行义务。要赋予新兴市场国家和发展中国家更多代表性和发言权。"也就是说，现有的全球治理体系已不能满足现实治理的需要，且和当前世界的现实结构和利益格局不相符合。要想获得全球有效治理，就必须回归全球真实结构和利益关系当中，不能在国家之间以大小、强弱、贫富为借口剥夺各自享有的权利和义务。以牺牲他国人民为代价来寻求本国的发展，这是殖民主义时期的掠夺式发展道路，已经不能适应当今世界多极化的趋势和潮流。

以美国为首的西方发达国家，一方面出于维护自身既有利益的需要，另一方面也深受西方殖民主义发展历史所形成的价值观和意识形态影响，无力摆脱这种历史惯性和意识观念的束缚。西方殖民主义模式下的现代化一方面彰显了人类社会发展的野蛮残酷，另一方面也使西方社会在思想理论和精神结构上患上严重的霸权疾病，错误地把野蛮掠夺式的发展成果误解误读为民族和种族的优越感和自信，在对别国利益和发展权益上一味打压和破坏，凭借殖民掠夺式的先发现代化优势搞你死我活的零和博弈，抑制和妨碍其他国家发展。这种殖民主义的历史和逻辑应该终结了，这种杀鸡取卵式的不公平发展方式应该寿终正寝了，这种自我利益高于一切的西方价值观体系和精神文化应该终结了。终结这一切的不是别的，一定是一种更高形态、更加科学、更为民主的发展理念和发展方式，终结这一切的不是别的，而是以中国为代表的新兴市场国家力量。中国注定要成为这种不合理的世界经济政治秩序的终结者，中国道路、中国经验、中国智慧、中国模式都是终结这种西方霸权主义历史的有力武器。中国道路所要实现的对西方霸权主义历史的超越，既是对人类历史文明高度的拯救，也是对自身使命和历史担当的总结，人类命运共同体就是在这种历史与现实的逻辑当中诞生的，可以看作是中国实现自我超越和历史超越的有效方案。2017 年 12 月，中共中央总书记、国家主席习近平在中国共产党与世界政党高层对话会上发表的《携手建设更加美好的世界》的主旨讲话中指出："人类命运共同体，顾名思义，就是每个民族、每个国家的前途命运都紧紧联系在一起，应该风雨同舟，荣辱与共，努力把我们生于斯、长于斯的这个星球建成一个和睦的大家庭，把世界各国人民对美好生活的向往变成现实。"

从共同体到命运共同体是一种马克思主义理论和实践的巨大进步。在马克思主义的话语谱系中，共同体、共产主义、共产主义者向来都是运用比较成熟的概念，比较客观地描绘了人的"自在形态（共同体）—自为形态—社会样式（共产主义）—个体样式（共产主义者）"的逻辑过程，以此构成了马克思主义理论的最高构想——共产主义的全部雏形。时至今日，作为一种文化和价值观的共产主义，常会受到社会精英和社会道德的热烈拥护，但作为一种社会运动的共产主义，在今天仍然会受到一些人的质疑，主要原因就是共产主义在由逻辑走向现实的过程中缺乏令人信服的解决方案和实践形态。

在习近平总书记的系列讲话中，共同体理念多次出现。2013 年 11 月 9 日，习近平总书记在《关于〈中共中央关于全面深化改革若干重大问题的决定〉的说明》中明确指出，"我们要认识到，山水林田湖是一个生命共同体"。2014 年 3 月，习近平主席在联合国教科文组织总部演讲时指出："当今世界，人类生活在不同文化、种族、肤色、宗教和不同社会制度所组成的世界里，各国人民形成了你中有我、我中有你的命运共同体。"纵观习近平总书记提出的共同体思想，大体分为命脉和命运两个方面。

从命脉角度讲，自然客观规律对人具有制约作用，人和环境是一个生命共同体，"人的命脉在田，田的命脉在水，水的命脉在山，山的命脉在土，土的命脉在树"。① 在 2014 年的第一次世界互联网大会上，习近平主席首次提出全球互联网治理的中国方案，强调牢固树立网络空间命运共同体意识，共同构建和平、安全、开放、合作的网络

① 《十八大以来重要文献选编》（上），中央文献出版社 2014 年版，第 507 页。

空间，建立多边、民主、透明的全球互联网治理体系。此举意义重大：一方面，中国依托互联网迅速出先手棋，参与全球治理，是抢占国际空间话语权的成功举措；另一方面，以互联网的国际治理为契机，在以全球互联网治理为问题导向的全球治理中，第一次提出马克思主义中国化的当代最新实践形态——网络空间命运共同体。互联网的主要特性在于互联互通，互联互通网络的普遍使用，必然使"地域性的个人为世界历史性的、经验上普遍的个人所代替"①，而"交往的任何扩大都会消灭地域性的共产主义。共产主义只有作为占统治地位的各民族'一下子'同时发生的行动，在经验上才是可能的，而这是以生产力的普遍发展和与此相联系的世界交往为前提的"②。我们不应低估全球互联网治理体系中国方案在马克思主义中国化进程中的独特价值，互联网实现人的普遍生产形态（经济全球化）向交往形态（人的全球化）的纵深发展，个体普遍交往和生产形态的出现，就是以生产力的普遍发展和与此相联系的世界交往为前提的共产主义得以发展的现实基础。因此，习近平总书记提出的命运共同体方案，是马克思主义中国化的最新成果，是马克思主义在当代中国的最

---

① 《马克思恩格斯选集》第一卷，人民出版社 1995，第 86 页。

② 同上。

新实践形态，是对共产主义实践形态的补充。命运共同体本身有着重大的政治含义，是作为当代中国马克思主义的最新理论思考与实践成果而提出的。从网络空间命运共同体到人类命运共同体，中国思想和中国方案也在不断地丰富和完善，人类命运共同体从理论形态到实践形态，从逻辑到现实，逐渐获得了其应有的政治地位和功能，不仅在新时代中国特色社会主义制度空间中具有重要作用，而且在中国与世界关系的互动中开始发挥重要作用。2016年11月21日，习近平主席在秘鲁国会演讲时指出："当今世界，各国相互依存、休戚与共，我们要顺势而为，推动构建以合作共赢为核心的新型国际关系，打造人类命运共同体。"2017年12月1日，中共中央总书记、国家主席习近平在中国共产党与世界政党高层对话会上发表《携手建设更加美好的世界》指出："构建人类命运共同体是一个历史过程，不可能一蹴而就，也不可能一帆风顺，需要付出长期艰苦的努力。为了构建人类命运共同体，我们应该锲而不舍、驰而不息进行努力，不能因现实复杂而放弃梦想，也不能因理想遥远而放弃追求。"

从命运角度讲，人具有主观能动性，可以通过利益共同体与责任共同体的积极分担实现构建命运共同体，除了依赖自然，人还有着对人的依赖的自为形态。人可以通过利益与责任划分实现命运共同体的积极改变。从社会发展的意义上来说，人类命运共同体理念强调在一体化的社会进程中实践主体的共同命运指向，不仅是共同的经济利益，更包括在经济利益基础上的共生性命运的集体共识，个体的生存、健康和发展状态与集体发展进程的休戚相关性。[①]命运共同体作为习近平总书记的思想主线，把创新、协调、绿色、开放、共享五大发展理念和"四个全面"战略布局统一起来，不仅实现和完善了当代中国发展的实践形态和价值形态，积极拓展了中国特色社会主义的实践空间和价值内涵，而且以此优势为手段，极大缓和了当代中国与世界、马克思主义与时代、核心价值观与改革发展空间、权力共同体与权利共同体、党的执政与网络空间治理等关系的紧张感与对立感，既丰富和发展了马克思主义的当代形态、开辟和创新了当代中国发展的全新格局、升级和优化了当代中国发展的整体模式，又为中国与世界关系及发展方式的转变提供了切实可行的解决方案。

2017 年 5 月，习近平主席在"一带一路"国际合作圆桌峰会上发表《开辟合作新起点 谋求发展新动力》的开幕辞中指出："在'一带一路'建设国际合作框架内，各

---

① 吕增艳、张澍军：《论"人类命运共同体"理念的形成及其实践指向》，《东北师大学报》2018 第 12 期。

方秉持共商、共建、共享原则，携手应对世界经济面临的挑战，开创发展新机遇，谋求发展新动力，拓展发展新空间，实现优势互补、互利共赢，不断朝着人类命运共同体方向迈进。这是我提出这一倡议的初衷，也是希望通过这一倡议实现的最高目标。"构建人类命运共同体，需要世界政治经济进行深刻调整，改变不合理的世界政治经济秩序。重新建立安全与发展平衡，既要反对绝对自由主义基础上的无政府主义，同时又要反对保守主义基础上的极权主义和霸权主义，各国应加强对话交流，有效管控分歧，共同维护人类社会和平安全。遏制新型贫困，既要改变以经济指标为主的物理贫困，又要改变以信息化为标志的数字贫困。要加强信息基础设施建设，增强各国信息共享与合作，缩小不同国家、地区、人群之间的信息鸿沟，是未来全球新型贫困治理的主要手段。

当人类社会由农业革命、工业革命进入信息革命阶段，就意味着信息网络成为定义现代国家的主流特征，社会生产的新变革，生活空间的新创造，国家治理领域的新拓展，都依赖于以互联网为代表的信息技术的支撑，而互联网本身是一把双刃剑，它既能给人们的生产生活带来便利，也能给人们正常的生产生活带来负面影响。当人们的注意力聚焦在信息技术的发展功能上时，就容易在公共政策上采取自由放任的原则，以攫取网络繁荣带来的经济效益。但当人们注意力转向侵害个人隐私、侵犯知识产权等网络犯罪和网络监听、网络攻击、网络恐怖主义等全球公害时，又容易在公共政策上因为安全而采取抑制网络发展的政策，甚至打着国家公共安全的名义侵犯他国网络空间和公民个人隐私等权利。互联网不是法外之地，就意味着网络空间既受到来自国家主权与法律的保护，又会受到其限制。信息社会的技术逻辑和行为结构，为现代政府和现代主权国家的治理带来了诸多挑战，一旦政府出现不同程度的内部失灵和外部失灵现象，就必然会引发区域或整体冲突。

所有国家之间的冲突，本质上都是社会内部治理引起的，科技进步对社会结构和生产方式的冲击，对现代主权国家的政府治理能力提出了考验。国际关系中的"命运共同体"更多地体现了互利共生的发展理念、和衷共济的人文气息，使有关国家结成风雨同舟和休戚与共的关系，它不仅包括经济层面，而且包括社会、人文、价值观、安全等层面。[1] 以传统的全球治理体系和技术来应对这种挑战，实践反复证明是远远不够的。升级和改造传统治理结构，培育和形成新的治理资源，以合作共赢的全球民主治理来

---

[1] 　许利平：《中国与周边国家命运共同体：构建与路径》，社会科学文献出版社 2006 年版，第 53 页。

应对信息时代的普遍问题，或许才是当今时代全球治理的唯一选择。"当世界经济处于下行期的时候，全球经济'蛋糕'不容易做大，甚至变小了，增长和分配、资本和劳动、效率和公平的矛盾就会更加突出，发达国家和发展中国家都会感受到压力和冲击。反全球化的呼声，反映了经济全球化进程的不足，值得我们重视和深思。"[①] 在世界经济的下行周期，我们需要做的是升级改造全球化，而不是反全球化。构建人类命运共同体，就是构建更高层次、更加公平、更富效益的新型全球化。

（2）实施"一带一路"倡议

"一带一路"倡议作为中国寻求增长空间和参与国际治理的重大战略，毫无疑问具有非常正面和积极的国际国内价值，对中国自身发展和促进世界增长都会作出实际的贡献。"一带一路"倡议是中国基于自身发展提出的战略构想，具有历史和空间的想象力。从历史经验和逻辑出发构想未来的方向和战略，深刻体现了中国在自身增长过程中非常谨慎的一面。如果说倡导构建人类命运共同体，是中国在自身增长后寻求和世界关系的积极战略构想，那么"一带一路"倡议就是这一战略的实施路径和方法论。中

[①] 习近平：《共担时代责任 共促全球发展——在世界经济论坛 2017 年年会开幕式上的主旨演讲》，新华社，2017 年 1 月 18 日。

华民族伟大复兴尽管是一个富有历史感的命题，但它所要追求的增长却是当下中国所直接面对的问题。中国的发展不会停止，中国发展引发的国际政治经济结构和格局的变化也是不能回避的客观现实。面对这一变化，中国要拿出令世界尤其是西方社会普遍信服的逻辑和理念并不容易。如果中国提出的方案过于保守，那么就会失去中国所期望的国际感知和动员能力；相反如果方案过于激进，那么就会引发西方社会的普遍警惕和防卫。中国方案的创设在中国，但是对这一方案的感知和评价权却在世界，所以这一方案于中国而言是机会与风险并存的。"一带一路"倡议是中国为推动经济全球化深入发展而提出的国际区域经济合作新模式，不仅将对中国社会经济发展与全面对外开放产生深远的历史影响，而且也会对沿线国家的经济发展产生积极的带动作用。①反全球化、贸易保护、中美贸易战、"一带一路"沿线国家政治与商誉风险等都可以看作是这种风险的外溢和表现。

现在，国际社会有人不怀好意地故意曲解中国"一带一路"倡议，把"一带一路"倡议与"二战"后美国在西欧推行的"马歇尔计划"相提并论，认为"一带一路"倡

---

① 刘卫东：《"一带一路"战略的科学内涵与科学问题》，《地理科学进展》2017 年第 5 期。

议是中国推行地缘政治的技术和策略。为此，中国政府明确表示，"一带一路"倡议不是什么"马歇尔计划"，也不是地缘战略构想。它更应被称作与各国共同构建人类命运共同体的生动实践。重新确立中国与世界的相处之道，最大限度地满足中国自身的利益和世界各国的利益需要，同时还要确保国内与国际社会的动员有效，对中国来讲是一个比较困难的事情。科学把握"一带一路"倡议的现实边界，合理建构"一带一路"倡议所需的逻辑和话术体系，积极创新"一带一路"倡议的具体策略和路径，有效管控"一带一路"倡议的各种风险和风险外溢，是当前中国在实施"一带一路"倡议的过程中无法回避的难题。如果这些问题不能得到有效澄清和回答，那么"一带一路"倡议有可能会给中国现代化进程带来一些不确定的困扰和烦恼。

"一带一路"倡议的机遇。"一带一路"倡议作为中国的主动性战略举措，毫无疑问是中国基于自身的发展提出的建设性方案，目的还是为了实现中国经济的进一步增长。就"一带一路"倡议的机遇而言，主要体现在三个方面。第一，有利于拓展中国的发展空间，一方面为中国资本、技术、项目和人民币的国际化提供便利条件，另一方面能够缓解中国发展所面临的石油、粮食、矿产、芯片等短缺的局面。第二，有利于增强中国在世界的影响力和领导力，扩大中国成长的国际空间和份额。第三，有利于全球治理的资源供给和生产，"一带一路"沿线国家和地区及其辐射区域的治理都会因此受益，并为全球治理体制和机制创新提供新鲜理论和实践经验。

"一带一路"倡议的潜在风险。"一带一路"倡议作为新型全球治理实践，必然面临着理论和实践不足的风险。理论上要拿出令国际社会普遍信服的逻辑和解释，并使这种本土思考在国际社会得到有效传播，获得广泛认同和支持。实践上需要"一带一路"倡议拿出可行的操作方案和技术，既不会给中国带来诸多不确定性外部风险，也不会为"一带一路"倡议参与国家内部带来政治和利益冲突，不影响主权国家政治和经济权益。就中国自身而言，该风险主要体现在三个方面。首先，中国内部政治结构加固和团结统一的风险。"一带一路"倡议意味着产生大量的国外投资和项目，这些对外投资项目和资金最后能否形成有效政治和经济资本，无疑对中国国内的政治能力和水平提出巨大挑战，甚至中国共产党的传统政治理论和技术都要面临主动全球化带来的各方面考验，中国共产党的领导能力和执政水平在这种开放型的国际政治增量中都要接受检验，包括海外资金和项目的运营、管理、安全等方面都对党的政治廉洁、统一、团结和结构形成现实的压力。国际空间拓展主要表现为经济和政治空间拓展，中国传统管理能力主要集中在对国内事务的管理和主导上，一旦国际经济和政治参与空间短时间内得到迅速拓展，那么中国短期内可能会面临国际型人才、管理、资本、知识等方面的缺乏，这些都给中国带来严峻考验。其次，"一带一路"沿线国家的经济、政治和社会能力参差不齐，有的还明显偏弱，这就使得很多海外直投项目本身会面临潜在的政治、法律、财务和安全风险。一方面，中国对内倡导和践行政治清明、政府清廉、干部清正；另一方面，在海外投资项目中又要"入乡随俗"，尊重和接受当地文化，甚至要包容和理解投资地的法律、习俗和权力。这种客观上的二元并存现象为组织识别风险和管理风险带来不小的难度，可能存在内部经验失灵、外部经验不足甚至判断失误的情况。最后，中国的对外援助援建项目本身内部构成复杂，有时需要政府背书和推动，这种项目市场透明度低，需要消耗国家大量的外汇储备。随着中美贸易摩擦加大，中国创汇能力前景不明，在外汇的收支平衡上中国存在不小的压力，对外援助项目的国内政治认同和支持也需要长期的观察和思考。从历史上看，"二战"后，美、苏都有对外援助项目，而且苏联对外援助金额远远多于美国，但从最后结果来看，美国的"马歇尔计划"大获成功，而苏联的对外援助却未获得预想的成果。历史经验告诉我们，国际化道路上也会充满风险，中国"一带一路"倡议作为新兴市场国家主动参与和塑造全球化的积极尝试，也要对全球化的风险保持足够的重视。

第十三个问题

人类文明新形态形成的价值与精神基础是什么?

人类文明新形态的形成必然需要相应的价值基础与精神资源，中华文化与中国精神为特征的中国思想理论资源自然构成了人类文明新形态形成的价值与精神基础。

（1）和合文化与天下大同

中国社会在其早期阶段就有了天下政治的观念和实践，中国早期的天下政治就是我们今天所说的世界政治和国际政治，因此和"一带一路"倡议相比，中国早期的天下政治设计已经极具世界政治特征。正是基于早期世界政治的实践，中国社会和文化对国际社会的交往有自己独特的哲学理念，这种哲学理念和西方社会的实证主义传统不同，它倡导"四海一家，天下为公""天人合一""中庸之道"。天下政治观主张国家之间无论大小，一律平等，上天本就有好生之德，世间万物"各正性命，保合太和"①。中国人历来信奉"天下大乱，无有安国；一国尽乱，无有安家；一家皆乱，无有安身"②。因此，治国必先治天下，唯有天下大定，才能四海安宁，万民归心，才能真正实现"百姓昭明，协和万邦"③，"庶政惟和，万国咸宁"④。这种世界眼光和世界逻辑，是中国政治传统基因当中最为鲜明的特点，中国人的政治观和世界观受这种传统的深刻影响，主权政治和国际政治在中国传统政治理论中很早就有了分野。"有亡国，有亡天下。亡国与亡天下奚辨？曰：易姓改号，谓之亡国；仁义充塞，而至于率兽食人，人将相食，谓之亡天下"，"是故知保天下，然后知保其国，保国者，其君其臣，肉食者谋之；保天下者，匹夫之贱，与有责焉耳矣"。⑤回顾中国传统政治理论和实践的哲学逻辑，不难发现中国传统文化和价值观在政治生活中所起的基础作用。在一定程度上政治是这种文化和价值观的表象，是特定的文化构想和主张匡扶着现实的政治生活，德政传统同时滋养着社会和政治两个领域，使得二者在精神气质和

---

① 出自《易传·彖传》。
② 出自《吕氏春秋·谕大》。
③ 出自《尚书·虞书·尧典》。
④ 出自《尚书·周官》。
⑤ 出自《日知录·正始》。

核心精神上高度一致。治国理政，以和为贵，"礼之用，和为贵"①。为人处世，"君子和而不同，小人同而不和"②。无论是国家治理，还是百姓安身，都强调以和合文化为基础，于民和能生财，于国和能安邦。"畜之以道，则民和；养之以德，则民合。和合故能习。"③中国传统文化之所以倡导贵德养和，根本来说与中国人看待世界的眼光和立场有关，在中国传统文化的逻辑当中，"天下万国"本应如此，"皇天眷命，奄有四海，为天下君"④。皇帝乃真命天子，应当替天行道，天道与人道不隔，上天有好生之德，天下万物皆蒙受此德，无有分别。于个人也是一样，人人都要以天下为己任，"穷则独善其身，达则兼善天下"⑤，"先天下之忧而忧，后天下之乐而乐"⑥；"文臣不爱钱，武臣不惜死，天下太平矣"⑦。"天下兴亡，匹夫有责"⑧在中国社会和政治实践中不只是一句空话，已经变成中国人安身立命的道义资源和精神。"古之欲明明德于天下者，先治其

---

① 出自《论语·学而》。
② 出自《论语·子路》。
③ 出自《管子集校》。
④ 出自《尚书·大禹谟》。
⑤ 出自《孟子·尽心章句上》。
⑥ 出自《岳阳楼记》。
⑦ 出自《宋史·岳飞传》。
⑧ 出自《日知录·正始》。

国；欲治其国者，先齐其家；欲齐其家者，先修其身；欲修其身者，先正其心；欲正其心者，先诚其意；欲诚其意者，先致其知，致知在格物。物格而后知至，知至而后意诚，意诚而后心正，心正而后身修，身修而后家齐，家齐而后国治，国治而后天下平。"[①]打通个人与国家之间的藩篱，主张家国一理，天下大同，既体现了中国传统文化的价值指向，也表明中国人身体力行、言行一致、真实追求和实践自由的可贵精神。

北宋著名理学家、关学领袖张载（字子厚，人称横渠先生，1020—1077年）把这种宝贵的民族精神遗产加以集中概括为"为天地立心，为生民立命，为往圣继绝学，为万世开太平"。从"修齐治平"到"横渠四句"，中国传统文化脉络愈加清晰，从世界观到方法论的体系更为完整，逻辑更为严密，实践更为可行。中国传统文化之所以能够完成从个人精神到国家、世界观念的整体建构，核心就在于中国传统文化的内在精神取向以及注重实践的意志品质。"大道之行也，天下为公，选贤与能，讲信修睦，故人不独亲其亲，不独子其子，使老有所终，壮有所用，幼有所长，矜寡孤独废疾者皆有所养。男有分，女有归，货恶其弃于地也，不必藏于己，力恶其不出于身也，不必

---

① 出自《礼记·大学》。

为己，是故谋闭而不兴，盗窃乱贼而不作。故外户而不闭，是谓大同。"①天下大同不是口号，而在以实践性面目长期扎根于中国历史和文化场域中，已经彻底地内化和升华为中国人的精神，当代中国精神的构成当中，依然还包含和需要这种文化资源。2014年2月，习近平总书记在中共中央政治局第十三次集体学习时指出："培育和弘扬社会主义核心价值观必须立足中华优秀传统文化。牢固的核心价值观，都有其固有的根本。抛弃传统、丢掉根本，就等于割断了自己的精神命脉。博大精深的中华优秀传统文化是我们在世界文化激荡中站稳脚跟的根基。"

（2）合作共赢与兼爱非攻

由和合文化与天下大同理念支撑的政治实践，必然与西方科学主义和技术理性传统带来的政治实践有着很大的区别。西方政治理论很多时候倡导社会达尔文主义，把政治活动更多当作社会工程，强调政治理性和政治技术的重要性，忽视政治组织和政治过程中人的价值和意义。人本主义的价值关怀更多集中在上帝之城和尘世之城、天堂和地狱、神性和人性的二元宗教叙事当中，现实主义的政治方案里面唯有契约、法律和技术。体现在国家之间，那就是竞争和博弈，竞争和博弈的最后就是诉诸武力，以战

---

① 出自《礼记·礼运》。

争赢得权力，把权力异化为霸权。把西方政治哲学带来的"修昔底德陷阱"看作是唯一的政治后果和逻辑，企图以此来遏制别的国家和民族的兴起，这种政治思维和逻辑本身就是政治霸权主义的表现，世界上不存在只有一种逻辑的政治，也不存在只有一种政治的逻辑。自由、平等、民主的政治理论同自由、平等、民主的政治实践同等重要。正如习近平主席2015年9月在华盛顿州当地政府和美国友好团体联合欢迎宴会上演讲指出："世界上本无'修昔底德陷阱'，但大国之间一再发生战略误判，就可能自己给自己造成'修昔底德陷阱'。"准确来说，世界秩序的"丛林法则""零和博弈"逻辑是西方霸权主义政治的基石，世界格局和秩序要想实现对以中国为代表的新兴市场国家的接纳和包容，就要改变世界政治的传统做法和观点，从理论和实践上要完成彻底改造，否则随着新兴市场国家的兴起，世界领域的冲突和紧张依靠传统的政治资源和技术是无法根本消除的。

2014年1月22日，习近平主席在接受《世界邮报》创刊号采访时说："我们都应该努力避免陷入'修昔底德陷阱'，强国只能追求霸权的主张不适用于中国，中国没有实施这种行动的基因。"中国的文化基因强调天下大同，国家仁德，社会和谐，历来主张家和万事兴，国家、个人之间都应该寻求合作共赢，兼爱非攻，而不是你死我活的零和博弈。"一带一路"建设承载着我们对共同发展的追求，将帮助各国打破发展瓶颈，缩小发展差距，共享发展成果，打造甘苦与共、命运相连的发展共同体。人类命运共同体理念和"一带一路"倡议，既是中国当代政治对传统文化和理论资源的借鉴，也是中国为当今全球治理提供的可贵公共产品，中国将以自身的实际行动来证明这种政治理论和实践的优越价值。"天下兼相爱则治，交相恶则乱。"① 中国不会主动生乱，更不会走国大国强必霸的传统老路，新时代中国特色社会主义的兴起，必将为世界历史的进路提供富有价值的政治经验和资源。

（3）社会主义的制度理性

社会主义和资本主义两种体制相比较，制度逻辑有着本质的不同。社会主义作为一种替代方案之所以能够兴起，就在于资本主义社会形态自身的先天缺陷。资本作为社会的决定力量，必然出现人的奴役现象，而资本又是和所有权紧密联系在一起的，所以就有了人对人的奴役和剥削，马克思、恩格斯所阐述的剩余价值理论和劳动异化理论就是对资本主义奴役的揭示和批判，共产主义和科学社会主义构想就是在克服资本主义缺陷的基础上提出的替代

---

① 出自《墨子·兼爱上》。

性制度方案。作为一种制度安排，社会主义体制可以确保人权整体上优先于资本权益，让政权为人民服务，通过政权在经济、政治、社会、文化等领域的制度安排，人权就可以在以人民为中心的具体发展过程中获得制度性保证和增长性受益，这种制度性平等尤其体现在分配领域。如果说初次分配还有资本、管理、技术等要素参与的痕迹，那么再分配领域基本是以公共利益均等化的取向来逆向调节，以财政转移支付和税收调节再分配等方式不断改进和促进社会公平，追求公平成为社会主义制度的道义资源与和行政逻辑。这种内生的制度价值和行政逻辑必然要外溢到社会、文化和观念领域，国家、集体与个人的利益和精神边界、相互关系都在这种基本的制度力量中塑造，这种结构化的主体关系又会形成自身的意识形态和交往方式。由中国出发去思考世界，就是从社会主义制度理性去观察资本主义主导的世界秩序，发现和弥补其中的价值缺陷与不足。正如习近平总书记指出的："和平赤字、发展赤字、治理赤字，是摆在全人类面前的严峻挑战。这是我一直思考的问题。"① 习近平新时代中国特色社会主义思想在资本主义体系为主的世界里实现逆生长，在理念和实践上表现出比资本主义体系更为卓越的发展能力、更高层次

---

① 《习近平谈治国理政》第二卷，外文出版社 2017 年版，第 509 页。

的价值观念、更强大的安全能力。这种制度的先进意识和竞争意识既是中国共产党巩固自身制度能力的需要，也是中国赢得更广泛国际发展空间和中国话语权的需要。在坚持和完善中国特色社会主义制度的过程中，中国努力提供改善全球治理的制度资源，注重把中国经验和中国智慧转化为国际问题治理的优先选择，新时代中国特色社会主义制度要想真正获得全面成功，就必须在内外两个治理空间上同时发力，展现出良好的治理能力和治理效果，中国政治叙事和话语体系中已经准确呈现出这种制度意识形态和制度自觉。"中国特色社会主义进入新时代，意味着近代以来久经磨难的中华民族迎来了从站起来、富起来到强起来的伟大飞跃，迎来了实现中华民族伟大复兴的光明前景；意味着科学社会主义在二十一世纪的中国焕发出强大生机活力，在世界上高高举起了中国特色社会主义伟大旗帜；意味着中国特色社会主义道路、理论、制度、文化不断发展，拓展了发展中国家走向现代化的途径，给世界上那些既希望加快发展又希望保持自身独立性的国家和民族提供了全新选择，为解决人类问题贡献了中国智慧和中国方案。"[①]新时代中国特色社会主义展现出的这种制度自觉、

---

① 《中国共产党第十九次全国代表大会文件汇编》，人民出版社 2017年版，第 9 页。

历史自觉和国际自觉，注定会获得自身的合理历史方位与实践形态，通过为当今全球治理提供公共产品和资源得到应有地位。

第十四个问题

如何从人类文明新形态的视角诠释特朗普主义及其所代表的美国政治表象?

　　2016年美国总统大选"一反常态",特朗普一举赢了胜选概率较大的希拉里·克林顿,成为美国政坛的一匹"黑马",70岁当选总统也成为美国历史上年龄最大的总统。特朗普上台以后,美国的内外政策开始出现剧烈调整,打着美国优先的旗号,特朗普政府开始着手改变"二战"以来以美国为首的西方国家建立起来的国际政治经济秩序,此举给世界带来极大不确定性。正如美国资深共和党人士罗伯特·佐利克所说,特朗普是共和党"人为制造的怪物",足以毁掉共和党,"一旦(特朗普)当选总统,他会滥用职权并将美国带入更为缺乏安全的境地,并且损害我们在世界中的地位"。① 无论世界如何解读特朗普,

①《"特朗普主义"与美国的变革之痛》,《光明日报》2016年10月27日。

特朗普究竟应该贴民粹主义、保守主义还是关税壁垒主义的标签，其实只具有政治地理或政治辩读的含义，虽然能够帮助人们把特朗普主义和美国以往政治传统区分开来，但却不能防范特朗普主义本身带来的巨大危害和风险。特朗普主义的得势，折射出美国的变革之痛，即人心思变却变革无门。美国的政党政治出现了空前的"极化"现象，左的太左、右的太右，难以相互妥协，难以形成政策共识。无休止的党派纷争"劫持"了国家的长远利益，"不妥协"的少数议员肆意违背大多数民众的意愿，政府难以作出好的决策并予以实施。

特朗普主义在今天依然成为拜登政府的主要政策路径，依然代表着美国政治发展的主要方向，一定程度上说明了美国民主制度的重大缺陷和失灵现象。特朗普可以无视美国政治传统和价值观，甚至无视经学派的主流观点，试图以"政治正确"代替一切，把美国和世界都置入不确定性的极大风险当中。"特朗普主义的核心竞争力在于放弃美国基督教传统价值观中形式主义的成分，不再强调形式上的宗教与政党价值观。"[①]这种非制度性的"个性风险"承受显得毫无意义，唯一能够说明的是美国的民主制度被

① 易益典、王孜政：《从"特朗普主义"兴起看共和党转型方向》，《新视野》2018年第3期。

特朗普的总统权力所绑架，在现有民主框架下美国人拿不靠谱的民选总统没办法，民主制度设计在总统宪法正确和道德瑕疵之间似乎无能为力。被美国精英视为"异类""最黑暗力量"的特朗普正式当选总统，意味着美国社会有可能进入危险境地，特朗普可能要扮演美国形象的"破坏者"，而美国传统形象是以世界第一大国身份存在，长期在全球治理和全球事务中扮演着最为重要的角色。特朗普主义在今天可能依然含义模糊，但特朗普主义的表现和危害已经成为现实。首先，特朗普主义的出现，使得支撑美国制度、精神、价值观、文化、形象、信用等核心的软实力遭遇重大损失，特朗普更像是美国"伟大的破坏者"，正在用民粹主义和重商主义重新解构美国。其次，特朗普主义的出现，给全球治理带来极大破坏和混乱，全球治理客观上出现了许多真空地带，美国"退群"的随意和草率，使得全球治理资源迅速下滑，国际治理中的无政府主义苗头正在上升。最后，特朗普主义以"美国优先"对抗全球化进程，这种对抗既不会是美国的胜利，也不会是全球治理的胜利，一场没有赢家的"搅局"必将注定失败，特朗普主义的吊诡之处在于，他以"搅局者"的姿态既反美国又反全球化。"特朗普主义是一种反建制的'右翼民粹主义'。特朗普主义反映了较为强烈的孤立主义与保护主义。"① 在特朗普主义的现实影响中，应该说其对美国自身的影响是最直接的。对内影响美国社会和政治的团结，使美国社会进一步在价值观和立场上走向分裂，以商业主义的博弈逻辑取代维系社会团结的美国精神，民粹主义的政治动员必然加剧移民社会族群、种族、阶层和群体中间的分裂，美国社会的身份危机和政治动员危机，必将从根本上削弱美国社会和国家。对外"美国优先"带来的必然是孤立主义，美国传统盟友的信任与合作遭遇重创，传统友好区域和竞争性区域的美国影响力和领导力必然受到挤压，"美国全球重新谈判"直接导致美国国际空间的进一步挤压收缩而不是扩张，美国全球领导者逐渐为美国事务竞争者所代替，美国由领导国家走向竞争国家，美国的全球领导红利必然让位于市场竞争红利，美元全球经济利益和全球领导者政治利益的双重流失，意味着"二战"形成的美国信用体系和国际体系开始坍塌，支撑美国伟大的根基开始动摇，美国必将走向平庸。从这个意义上来说，特朗普是美国社会的敌人，特朗普主义是解构美国伟大、助推美国走向衰落的政治表象。

---

① 盛斌、宗伟：《特朗普主义与反全球化迷思》,《南开学报》2017年第5期。

第十五个问题

如何从人类文明新形态的视角理解以美国为首的西方推行的反全球化观念？

从人类文明新形态所代表的新型政治理性去理解美国现在的政治结构，需要从美国社会自身的结构和逻辑去把握。尽管我们认为特朗普主义对内对外都是有害的，但问题在于特朗普主义何以成为可能，结构化何以成为美国政治的现实？如果说美国走向衰落的政治表象是特朗普主义，那么特朗普主义的表象又是什么呢？特朗普主义虽然怪诞，但它的确在政治上获得了成功，特朗普主义政治成功的原因在美国内部而不在外部，特朗普主义的病态在于美国社会的病态，特朗普主义的含义模糊和冲突充分体现了美国社会的精神模糊和结构冲突。特朗普主义之所以能抛弃美国政治一贯的精英主义传统，用民粹主义的政治动员来凝聚底层民众的政治资本，主要是因为利用选举政治的制度设计，钻了美国政治分裂的空子。特朗普当选的政治含义在于，以希拉里·克林顿为代表的美国精英建制派在政治上彻底失败，美国底层民众和精英建制派在政治上彻底分裂，特朗普以人数众多的底层民众打败华尔街资本。激进政治之所以胜出，根源在于美国社会底层结构的不满情绪上升。特朗普被底层民众视为革命英雄，他推行的产业和实业回归的政策赢得了美国多数普通民众的支持。然而，科技、金融和资本主导下的美国与要求增加收入、就业的普通民众的美国发生断裂；对外依靠科技、金融和资本力量全球盈利的美国与对内分配不公、福利赤字的美国断裂。美国民主严重透支，已经支撑不了美国霸权，美国海外扩张解决不了美国内部的分化，美国外部掠夺式整体增长的美元经济成功，并不能切实转化为美国内部治理和分配的有效资源，寡头资本的美国和社会大众的美国走向决裂，社会的内部性问题与资本的外部性解决之间产生背离，资本主义民主制度的内在缺陷在解决实体社会的问题中长期失灵，政治赤字长期积累放大，最终演变为美国社会的自我反抗。特朗普主义出现就是这种美国社会深层次危机的暴露，正常民主政治程序无法解决，特朗普主义的怪诞由此成为美国社会危机宣泄的外衣。从这点来讲，特朗普的"政治表情"多少也有无辜的成分，特朗普主义同样也要受到美国民主制度的约束。特朗普可以即时应景成为英雄，但一定不会成为伟大的总统，只能是在草莽英雄的意义上完成他的历史使命，未来的某个时刻特朗普应该会后悔当选：总统没有使他伟大，反而使他让总统这个光鲜的职位蒙羞。毫无疑问，特朗普是被选择的。同样，特朗普主义也要时刻注意保持政治正确，政治正确遵循的是权力逻辑，权力逻辑与社会逻辑在时间与空间上都不完全一致，所以这就注定只要是在资本主义制度框架下，精英建制派就不能有效完成政治突围，特朗普主义同样不行。政治竞选成功和政治建设完全是两回事，美国的精英主义行不通，民粹主义同样行不通，选举政治只会强化美国分裂，在美国的精英群体或是底层群体之间进行权力换手押注，无助于美国社会问题的解决。美国社会问题的核心在于资本寡头和普通民众之间的深刻对立，如何消除和缓解对立才是关键所在，而不是"义和团式"的政治押注和博弈。

特朗普主义的兴起是美国政治衰败的标志，美国衰败是从特朗普开始的，但特朗普不是美国衰败的原因所在，美国衰败的原因在于美国社会、经济、政治和精神结构本身。即使有一天美国人突然恍然大悟，明白特朗普是一个彻头彻尾的"破坏者""搅局者"，及时击退特朗普主义和终结特朗普政府，也无法扭转美国整体结构性危机的现实。特朗普主义就像揭穿美国"皇帝新衣"的小孩，尽管到处闯祸但却客观上戳穿了美国入不敷出、难以为继的残酷现实。比如，要维持美国在全球的传统势力范围和军事、政治统治力，就需要有强大的财政预算支持。政府过高负债需要削减开支，而全球统治力的维持需要财政预算增长或者均衡，特朗普主义可以随意剪裁，但这种财政结构和能力却不是特朗普主义可以左右的。缺钱就意味着收缩，特朗普式的"退群"就是美国政府走向收缩的战略选择，尽管这种选择吃相难看，但捉襟见肘的财政能力才是问题的本质所在。

特朗普主义是美国问题的表征，美国问题所折射的体制危机和社会危机才是更为深刻的痛点所在。首先是美国的经济结构问题。一方面，美国在全球保持强大的盈利能力；另一方面，美国的全球盈利和美国普通老百姓关联变弱。美国盈利更多是以总部经济、金融经济和科技专利经济实现，这些头部经济结构的虚拟化决定它是一种利润分配优势，但不是规模就业生产优势，依托资本、知识和专利等核心要素获得全球利润分配，是美国资本主义走向金融、科技帝国主义的主要方式。其次，这种金融、科技帝国主义在全球利润争夺中具有绝对优势，所以他会不断自我强化,但这种新型帝国主义的全球优势不能内化为美国国内的社会优势。金融科技殖民的外部优势必然导致美国内部劣势,产业空心化、经济虚拟化、利润垄断化,美国在壮大外部经济殖民和扩张的过程中,同时也把美国的产业和就业外部化。这种经济外溢有利于全球利润的争夺,但经济外溢必然伴随着内部就业和收入不足。美国虽然通过资本、技术和管理分配获得了全球超额利润,但这种超额利润和整体盈余却主要流向华尔街和金融、科技寡头,知识经济、金融经济和科技经济只属于美国社会的精英群体,普通民众就业和收入不但没有改进,而且可能会因为经济殖民的外溢流动而受到挤压,最后的结果只能是美国少数寡头赢得了全球利润,但美国多数民众却失去了对国家的信任与依靠。经济的殖民化、外部化,资产的虚拟化,人口的固化,必然带来美国的海外殖民主义、霸权主义扩张与内部人口社会停滞与固化之间的矛盾,这种外部的殖民主义、霸权主义和内部的精英主义、空心主义之间的经济、政治、文化和精神对立,是美国的资本主义制度和体制本身无法克服的,所以美国政治才会表现得如此失调和紊乱,特朗普主义才会如此怪诞和背离。

当美国沿着全球霸权主义和殖民主义的路径在自我强化时,美国国内的民族主义和民粹主义就必然高涨,这种民族主义和民粹主义必然带来美国式的排外主义和反全球化，其典型表现就是在移民问题上美国日益走向保守和封锁，在全球化进程上美国开始主动成为拦路虎，对包括中国在内的很多国家实行"贸易战"，试图扭转产业、就业在外，利润在华尔街的局面——经济结构问题。美国问题是由资本主义的制度性结构危机引起的，把美国殖民主义和霸权主义经济外溢带来的内部性社会危机归结于中国占了美国的便宜，中国人抢了美国人的机会，这显然是一种缺乏政治严肃性和实效性的政客合伙人投机行为，不但不能解决美国的实质性问题，而且会引发误导和混乱，使美国更加失去自我反思和批判能力。美国反全球化的实质在于，美国体制在应对国内事务上的错乱和盲目，企图以内部矛盾外部化方式转移内部无力改变的现实。西方体制在现代社会的竞争力下降，难以同时保持对内和对外两个环境下的有效，不得不采取战略收缩。以特朗普主义为标志的美国衰落，是整个西方体制面临的普遍困境，正像欧洲政治陷入难民问题无力自拔一样，西方体系在今天都普遍遭遇现实困境。

第十六个问题

如何从人类文明新形态的视角
分析和解读"西方之乱"?

任何国家在发展过程中都会遇到问题,区别在于理解问题和解决问题的方式;看待和处理问题的思路、方法、做法不一样,决定了最后结果差别很大。而决定各国政府思路、方法的关键因素在其哲学和文化,政府不过是对这种哲学和文化的行政实践,政府及其政策不过是这种哲学和文化的外化和执行。以美国为代表的西方社会在今天日益遭遇危机和内部分裂,很大程度上是由他们的国家哲学和文化所决定的。美国实用主义的哲学和文化,决定了美国霸权主义的政治和经济。建立在霸权主义基础上的经济可以部分实现国家的对外意志,但经济的私有权、市场规律、利润等基本属性没有变。也就是说,霸权主义或许有利于实现经济增长,但经济殖民和扩张不必然直接转化为国家盈余和资源，私人资本和国家之间是平行关系，所有权人和产权收益人始终保持独立，和国家是平等主体，当大市场、小政府逻辑长期运行时，必然造成私人部门盈余，而国家公共部门亏损。一方面美国资本家阶层全世界投资盈利，另一方面美国政府负债累累居高不下，财政减支压力巨大。霸权主义政治帮美国资产阶级赚钱，加速美国社会两极分化，但美国资本家阶层并不直接帮助美国政府解决两极分化带来的社会撕裂难题，甚至中下层阶级与资本家阶级变得更加对立。"占领华尔街"运动、英国脱欧、民粹主义迭起、新冠肺炎疫情蔓延、俄乌冲突等近些年频繁出现于西方社会的政治乱象，就是这种对立和社会分裂的典型体现。如果说一场席卷全美、扩展到120多个城市、有广泛群众基础的"占领华尔街"运动，是美国中下层民众为自己发声，站出来"抗议美国政客只关心公司利益""谴责金融巨头利用金钱收买政治""重新夺回对美国政经决策的影响力"，反抗美国社会体制性弊端的话，那么英国脱欧、新冠肺炎疫情蔓延、俄乌冲突等重大国际政治事件则代表了西方社会传统价值观、利益与关系结构的全面失败，这种政治乱象实际是对西方政治传统的全面否定，标志着为西方社会运转做支撑的文化与哲学体系的失败。

以美国为例，其政治权力结构和实践都是美国文化和哲学的具体体现。按照美国实用主义的哲学必然强调技术理性，"一切以自我为中心"在政治领域必然表现为"美国优先"，这种政治哲学既异化了美国的政治权力，也异化了美国社会的内在结构。"西方之乱"的危机本质上是文化与制度危机，资本主义制度在金融经济时代碰到了新的挑战，正如代表美国上流社会的精英建制派不能有效克服和解决美国的问题一样，民粹主义的下层民众路线同样也不能挽救美国。美国的核心问题是结构性问题，其背后是美国的文化和制度问题，而民主制度遭遇危机在于它是短期手段，对长期国家治理和管理缺乏科学的规划能力和设计，文化危机、哲学危机和制度危机都只能在长期努力中才能解决，而执政党的任期制与社会文化、制度背后的长期性之间严重错配，历届政府任期内的纠错意愿是不可能去解决文化与制度危机这一长周期问题的。因此不管是奥巴马主义还是特朗普主义，都是在原地打转，不会有任何实质性改变，这是由该社会的文化基因和制度逻辑决定的。鉴于此，在中美贸易战中，中国再三强调保持战略定力，埋头做好自己的事情，进一步扩大对外开放，努力提高中国经济发展的质量和效益。这一策略总体上无疑是正确的，因为根本说来美国的痛点是美国人自己造成的，跟中国的增长与发展没有关系。只要以美国为首的西方社会还是继续坚持不把中国的增长看作是自身与世界的机会，继续推行贸易霸凌和政治霸权，那么西方社会就永远不会解决自己的问题。原因在于西方的文化、哲学、价值观没有改变，只要这些代表西方社会软实力的核心元素没变，西方社会的制度改进和政策调整就不会有太大空间，因此也就找不到解决自身问题的路径和方法。只要导致"西方之乱"的内在逻辑没有变，西方社会的治理危机还会继续加深，只有让危机蚕食西方各国政府的政策空间，才会把西方社会从极端政治和制度性危机中挽救出来，切实获得严肃的自我反思和批判能力。到那时，西方社会才有可能进行政治改革和体制改革，切实解决问题。

"西方之乱"带来的中国机遇，既体现在经济市场意义上，也体现在政治变革和政治改良意义上。新时代中国特色社会主义所获得的显著成功，中国式现代化新道路开创的人类文明新形态的成功实践，无疑都为当今世界的政治观察和思考提供了极其重要的参考价值。中国道路、中国方案、中国智慧对世界政治的增量贡献，在实践维度上已经取得成功，可以帮助当代资本主义诊断和完善自己，正是在这个意义上我们说新时代中国特色社会主义推动了人类政治文明的进程。

第十七个问题

与以往的人类文明发展过程相比较，
中国式现代化新道路开创的人类
文明新形态有哪些优势？

中国式现代化新道路开创的人类文明新形态的具体优势，可以从以下几个方面理解。

（1）价值优势——共赢而非殖民与剥削

面对世界各国间的交往和差异，是以邻为壑、你死我活、零和博弈，还是相互依存、合作共赢、互为机遇，完全是两种不同的态度和策略，必然也会有完全不同的结果。构建人类命运共同体，是中国在关照自身发展和全球治理问题上认真思考和选择的结果，这种选择既符合中国自身的发展逻辑，也有利于解决全球问题，推动全球治理体制变革。构建人类命运共同体的理念和实践，相比较传统世界政治经济结构和秩序，更加强调国家与国家之间的普遍联系和共同发展，主张在"和合共生"基础上建立合作共赢，而不是强国对弱国、小国在政治、经济和军事上的殖民与剥削。"和合"文化既是中国传统文化的立场，也是中国今天处理国际事务的重要原则，"和平共处五项原则"就是这种文化和政治立场的集中体现。国际结构与秩序不合理，根本说来是由国际关系中优势国家的文化和哲学决定的，如果优势国家认为国际关系应该奉行赢者通吃的原则，那么优势国家的国际责任就转变为国际霸权和掠夺，就会把和平共处条件下的国际关系发展成殖民与被殖民、霸权与被霸权、掠夺与被掠夺的不平等关系，而这种国家关系的不平等又会成为全球冲突和紧张的根源。迄今为止的战争、动乱、滞胀、布雷顿森林体系破产等全球性问题的出现，和这种不合理的国际秩序都有着直接的关系。从长远来看，良好的全球环境是一切国家发展的前提，全球性趋势对所有国家走势都会有直接影响。在国家社会交往实践中，尽管国际交往是以主权国家为交往主体，但国际交往环境的维护却关乎所有参与交往国家的利益，保持国际环境健康有序发展就是维护主权国家发展。民主、科学、平等的国际环境符合全球可持续性发展的要求。构建人类命运共同体，就是改善所有主权国家命运，就是在维护全球公共利益和可持续性发展，其价值取向和结果导向都符合所有国家人民追求改善自身命运的愿望和利益，具有各国人民意愿和价值的共性，最终结果也会符合世界各国人民的根本利益。

（2）道德优势——平等与尊重而非霸权

世间万物生长，既符合自然规律也符合社会规律。任何民族和国家都有生存的权力，人权和主权都不应该有高低贵贱之分。所有民族和国家在法律和道德上都具有平等的地位和尊严。维护和建设地球家园是大家的共同责任，任何破坏地球生态健康的行为都是对全球公共利益的损害。国际政治经济秩序是全球生态环境的重要组成部分，霸权主义和殖民主义是对全球生态环境的直接破坏，从长远来看不利于全球的和平与发展。走出"逢强必霸"的国际旧秩序和旧结构，关键是要改变国际关系中的不平等思想和行为，国际社会在这个问题上也早有共识，只是缺乏有效的制度约束和实践推动。中国提出构建人类命运共同体，在全球范围推行"一带一路"倡议，可以看作是对全球治理事务的巨大贡献，可以借此实现对全球治理体系的重大变革。

美国《全球策略信息》杂志社华盛顿分社社长威廉·琼斯说，世界持久和平的实现需要各国同意从根本上改革国际关系模式、实现国家间平等。中国提出的建设新型国际关系、正确义利观等思想将在这个过程中发挥积极作用。俄罗斯科学院远东研究所俄中关系研究与预测中心高级研究员弗拉基米尔·彼得罗夫斯基说，中国特色大国外交的一个重要特点是，中国提出的所有倡议都是非对抗性质的，不是为了加剧冲突，而是提供正能量，为完善现有国际秩序作出贡献。叙利亚作家、中国问题专家阿姆鲁·梅克达德说，与一些西方大国固守冷战思维不同，中国主张建设相互尊重、公平正义、合作共赢的新型国际关系，为解决世界经济难题和政治分歧提供了中国方案，体现了负责任大国的担当。[①] 当今世界的治理实践中，国家间的不平等是客观存在的。2018 年 10 月 2 日，时任美国总统特朗普在密西西比的一个集会上针对沙特问题发表言论："我们保护沙特阿拉伯。你们会说他们很富有吗？我爱萨勒曼国王。但我说过，'国王——我们在保护你——如果没有我们，你可能撑不到两个星期——你必须为你的军队买单'。"[②]

如果世界各国都像美国一样，随意操控和威胁别国政权，主权独立都成为问题，那政权依附的背后一定是经济依附，政治不独立的背后一定是经济不独立，这种国家

---

① 《建设新型国际关系 完善全球治理体系——国际社会积极评价中国特色大国外交理念》，央广网，2018 年 3 月 9 日。

② 《特朗普要求沙特拿钱换安全 沙特王储：又不欠你钱》，央视网，2018 年 10 月 7 日。

实质不独立基础上的发展既不是独立发展也不是可持续发展。和霸权主义、强权政治、殖民主义相比较，建立平等互利共赢的国际关系，是实现全球治理和世界各国科学发展的唯一路径，人类社会的整体命运与单一国家的个体命运紧密相连，只有实现全球范围内的国家平等、民族平等、主权平等、经济平等，才会有全球范围内的共同繁荣和共同发展，离开全球命运共同体的普遍基础，追求或者谋划单一国家的长足发展，严格来讲是缺乏现实基础的。平等是世界伦理的基本原则，维持世界秩序的道德性与合法性，就是推进世界走向共同繁荣的根本途径。

（3）实践优势——共建共享而非赢家通吃

国际治理体系变革成功，关键取决于国际治理实践能力的提高，国际治理能力往往又跟治理主体的自身状况有关。由此不难得出结论，要想真实有效实现国际治理体系变革，就必须在参与国际治理主体结构的优化上下功夫。国际治理主体结构的优化只能通过民主化的方式来实现：扩大民主参与，改进民主管理，强化民主监督，最大限度地增强国际共识和统一行动，扩大和充实共同利益，增强各国参与的积极性和获得感。唯有走共建共享共赢的新型治理道路，全球治理体系才会真正焕发出活力和前景。2017 年 1 月 18 日，习近平主席在联合国日内瓦总部发表了题为《共同构建人类命运共同体》的演讲，在这个演讲中他清楚表达了中国立场和中国观点。"世界怎么了、我们怎么办？这是整个世界都在思考的问题""中国方案是：构建人类命运共同体，实现共赢共享""坚持对话协商，建设一个持久和平的世界""坚持共建共享，建设一个普遍安全的世界""坚持合作共赢，建设一个共同繁荣的世界""坚持交流互鉴，建设一个开放包容的世界""坚持绿色低碳，建设一个清洁美丽的世界""中国愿同广大成员国、国际组织和机构一道，共同推进构建人类命运共同体的伟大进程"。[1] 中国坚持走合作共赢的道路，既符合国际社会的整体利益，也符合中国社会的自身发展，具有极大的实践价值，得到国际社会普遍认可，中国国际影响力正因此在不断增强，全球治理体系的国际力量对比正在发生积极的变化。新的国际治理体系建立，关键在于其真实的实践价值和道义支持。以布雷顿森林体系为代表的传统国际治理体系在今天表现得力不从心，根源就在于它建立在不平等的国际关系基础之上。这一体系是以美元为基础推行霸权主义的，所以在国际交往实践中逐渐失去权威和支持。中国方案就在于克服了旧体系的劣势，主张构

---

① 《习近平主席在出席世界经济论坛 2017 年年会和访问联合国日内瓦总部时的演讲》，人民出版社 2017 年版，第 20—35 页。

建人类命运共同体，实现共赢共享，这种维护全球共同利益的道义价值和推动全球交往与发展的实践力量，必将为全球治理体系变革提供新的资源和力量，把中国发展的过程转换为全球治理的过程，用中国行动诠释中国立场，始终做世界和平的建设者、全球发展的贡献者、国际秩序的维护者。

（4）制度优势——政治稳定到治理稳定

与西方政治生态相比，中国政治具有自身鲜明的特点。中国实行一党长期执政，和西方民主政治的竞争体系相比，具有思想的一致性、结构的稳定性、政策的连续性、策略的调适性等优势。中国的内政外交国防、治党治国治军、改革稳定发展，都会受到这种政治特点的影响。与国际治理体系相关的中国外交、战略和政策，同样会受到这种内部政治结构的调节。传统的国际治理体系和结构在今天表现得陈旧落后和无力，其根源在于传统全球治理体系既缺乏制度创新的能力，也缺乏制度坚守的能力。传统治理结构和治理主体是以美国为首的西方体系为主，而以美国为首的西方国家普遍实行全民普选制度，普选竞争带来的政治价值和政策偏好往往具有波动性，缺乏稳定性和连续性的政治结构、价值和政策，往往会造成政治归因的外部化逻辑，所有执政党都是选举制度的获益者，因此也就封杀了执政党对民主制度进行反思和批判的能力，否定制度就等于否定自身执政的合法性。制度是西方执政党上台的唯一基础，所以任何的执政党行为都会回避制度改革和完善。而现实是大数据、物联网、人工智能、量子信息等新兴技术的发展，为现代社会治理提出了许多新的挑战。没有制度变革的能力，内部治理必然会出现短缺和不力，而给予治理短缺的检讨又不能向内，因此内部制度缺乏创新和变革的能力；执政党往往又不愿承担责任，最后的结果只能是内部性问题外部性解决，进行矛盾和危机的转嫁与输出。因此西方体系下的全球治理，与其说是人类社会的整体需要，不如说是西方国家的内部需要，内部矛盾和问题需要解决，而制度又没有改进的机会和空间，只能是用外部转移的方式来寻求内部的政治平衡。全球治理空间因此必然偏离有效治理，沦为西方民主国家内部政治泄洪的池子。转嫁大于治理，泄洪大于维护，其结果必然是全球治理的乱象。一方面出现严重的有效治理资源短缺，另一方面使全球治理服从于个别国家的内部治理，完全变成主要国家内部治理的功利主义杠杆，使用多维护少、索取多给与少，最终结果就是全球治理出现严重亏空和失衡。

尽管第二次世界大战以来以布雷顿森林体系为标志的

全球治理结构和秩序持续了很多年，但截至目前，战争问题、南北问题、生态问题、人口问题、资源问题、恐怖主义、跨国犯罪等问题，依然没有得到有效解决。相反，以美国为代表的西方国家不断输出矛盾和危机，制造了伊拉克、阿富汗、叙利亚、利比亚等国的战争与混乱，给世界和平与发展带来巨大冲击，引发民粹主义、单边主义、贸易保护主义等许多新的问题。"现行全球治理体系滞后于经济全球化进程、跟不上科技发展的问题越来越突出。"①面对全球治理的严重不足，西方各国由于受各自政治制度的影响，能够作出改善的空间非常有限。全球治理体系要摆脱陈旧落后无力的局面，就必须依托中国、俄罗斯、印度等新兴市场国家的力量，进行积极变革，既要调整全球治理主体的力量结构，也要改革全球治理的制度安排，充分借鉴和吸收新时代中国特色社会主义的制度优势，切实为全球经济增长、安全、减贫和公平等正义事业的发展作出实绩，从而获得全球普遍认同和参与。2016 年 9 月 27 日，习近平总书记主持中共十八届中央政治局第 35 次集体学习时讲话指出，"随着国际力量对比消长变化和全球性挑战日益增多，加强全球治理、推动全球治理体系变革

①《王岐山在 2018 年创新经济论坛开幕式上致辞》，新华网，2018 年 11 月 6 日。

是大势所趋"，"全球治理格局取决于国际力量对比，全球治理体系变革源于国际力量对比变化。我们要坚持以经济发展为中心，集中力量办好自己的事情，不断增强我们在国际上说话办事的实力。我们要积极参与全球治理，主动承担国际责任，但也要尽力而为、量力而行"。中国必将依托新时代中国特色社会主义的制度优势，必将"继承和弘扬联合国宪章的宗旨和原则，构建以合作共赢为核心的新型国际关系，打造人类命运共同体"①，"中国将始终做世界和平的建设者、全球发展的贡献者、国际秩序的维护者"②。

---

① 《习近平谈治国理政》第二卷，人民出版社 2017 年版，第 522 页。

② 中共中央宣传部：《习近平总书记系列重要讲话读本》，学习出版社、人民出版社 2016 年版，第 266 页。

第十八个问题

人类文明新形态实现了哪些方面的超越？

中国式现代化新道路开创的人类文明新形态的实践超越，可以从以下几个方面去认识和把握。

（1）现代化模式的超越——从追赶型到自主型

习近平主席在 2018 年博鳌亚洲论坛上讲话指出："40年来，中国人民始终上下求索、锐意进取，开辟了中国特色社会主义道路。中国人民坚持立足国情、放眼世界，既强调独立自主、自力更生又注重对外开放、合作共赢，既坚持社会主义制度又坚持社会主义市场经济改革方向，既'摸着石头过河'又加强顶层设计，不断研究新情况、解决新问题、总结新经验，成功开辟出一条中国特色社会主义道路。中国人民的成功实践昭示世人，通向现代化的道路不止一条，只要找准正确方向、驰而不息，条条大路通罗马。"习近平主席的重要讲话，给了中国社会现代化进程一个新的历史坐标，中国式现代化的进程、结构、路径、特点等都发生了实质性变化。由被动走向主动、由自发走向自觉、由外驱型走向内驱型、由传统结构走向现代结构、由西方主导走向中国独立和引领、由输入走向输出，中国式现代化已经开始超越之路，开始主动突破历史、传统和结构的限制，以全新结构、精神和实践定义新时代，开启新里程。这种现代化的超越意识和实践，对中国和世界无疑都是一种全新的进步，意味着人类社会在现代化道路上积累了更多经验，拥有了更多选择。

中国式现代化的经验表明，后发国家完全可以结合自身实际，立足自身资源，通过自身努力，形成自身优势，发挥自身能力，走出一条立足于自身状况的现代化特色道路。现代化的基本结构和价值判断可以是普遍性的，但现代化的实现路径和方式必定是本土化的，因为现代化出路的基础、环境和主体不同，就决定现代化的认知和实践结构不同。如同中国特色社会主义的独立政治道路与发展道理一样，现代化道路同样也和国家主权紧密相关。世界各国只有从自身国情出发，根据各国人民意愿，具体选择各自的现代化实现路径和方式。和西方现代化历史相比较，中国式现代化走出了一条不同以往的全新道路。

（2）精神历程的超越——从"师夷长技"到"四个自信"

自 1840 年鸦片战争以来，中国农业社会在西方资本主义工业社会面前彻底失去了优势，与封建农业社会相关联的制度、文化、道德等精神维度也在这种失败中失去了自主能力，甚至以新文化运动为代表的文化反思直接把中国落后的根源归结为中国传统文化自身。正是这种经济和社会制度落后，直接带来中国社会文化脉络的重大转变。"师夷长技以制夷""洋务运动""中学为体、西学为用"等现代化主张和运动，其共同点都是基于对中国封建制度与文化的社会反思和批判。至此，中国传统文化的独立逻辑和完整结构就遭到彻底改变，西方文明因为其工业社会优势迅速颠覆了中国社会的文化自主逻辑，"西学东渐"开启了重构中国人精神世界的文化苦旅，中国社会由此开启了全新的精神历程，中国儒家传统文化的根基和地位开始动摇，西方文明的吸引力和主导性日渐凸显。按照西方的文化逻辑和技术逻辑改造的中国社会结构和制度体系，使中国社会进入现代社会的序列。通过学习西方的先进技术、制度和文化，力求实现对西方文明进程的追赶，对经济社会落后国家的现代化道路来讲，应该是一种阻力和成本最优的选择。一方面可以通过借鉴西方现代化经验避免重大失误，少走弯路，减少现代化探索支付的代价；另一方面可以把西方现代化经验与自身实际结合起来，找到更加适合本土的现代化道路和模式，提高自身现代化的质量和效益。

这种现代化路径和逻辑，一方面基本决定了中国近现代历史的主要走向，另一方面也决定了中国共产党的历史出场和使命结构。"不忘初心，方得始终。中国共产党人的初心和使命，就是为中国人民谋幸福，为中华民族谋复兴。这个初心和使命是激励中国共产党人不断前进的根本动力。"①中国共产党一经诞生，尽管历经新民主主义革命时期、社会主义革命和建设时期、改革开放和社会主义现代化建设新时期、中国特色社会主义新时代等不同历史时期，但一以贯之的使命和情怀没有变。为人民谋幸福，为民族谋复兴，中国共产党的使命初心和中国现代化的整体逻辑高度一致，中国现代化的初始逻辑就是要实现在经济、政治、文化、军事等领域的发展进步，为人民幸福和民族复兴创造有利条件。中国共产党登上历史舞台，不但继承了中国现代化的历史逻辑和进程，而且通过党的主动领导使这一进程变得更加自觉和紧迫。与地主官僚阶

---

① 习近平：《决胜全面建成小康社会 夺取新时代中国特色社会主义伟大胜利——在中国共产党第十九次全国代表大会上的报告》，人民出版社2017年版，第1页。

级、民族资产阶级、农民阶级相比较，中国共产党领导的无产阶级更具有彻底性和先进性，这决定中国共产党领导的现代化进程必将更加全面、彻底和富有生命力。只有同时推动中国社会的政治变革、经济变革、社会变革、文化变革，中国的现代化历程才会真正推动中国的全面解放和发展。从"两手抓，两手都要硬""三个文明"到科学发展观，再到"五位一体"总体布局，中国共产党现代化方案的全面性、彻底性和优越性显而易见。基于这种现代化方案的自觉和优势，中国共产党领导的现代化进程注定要从追赶走向超越，从而赋予中国近现代历史进程更加宽广的历史视野、能动意志和独立价值。这种可贵的现代化品质，成就了中国现代化进程的独特优势和价值，实现了在西方现代化基础上的继承与创新，中国现代化方案、经验和智慧首次表现出极强的竞争能力和超越价值，打破了现代化即西方化的神话。"中国人民的成功实践昭示世人，通向现代化的道路不止一条，只要找准正确方向、驰而不息，条条大路通罗马。"[1]

兴起于 1840 年西方现代化的扩张和进略，中国本土现代化思考和探索进入历史视野，在学习西方现代化经验

---

[1] 习近平：《开放共创繁荣 创新引领未来——在博鳌亚洲论坛 2018 年年会开幕式上的主旨演讲》，人民出版社 2018 年版，第 4 页。

和做法时，中国共产党庄严登场，自觉顺应和领导了这一历史潮流和趋势，把马克思主义和中国实际结合起来，走出一条极具独立和创新价值的中国现代化道路。当中国的现代化成就和经验积累到了今天，中国方案和中国智慧的独特价值日益显现，具有了初步的国际竞争力和话语权，这对中华民族发展的历史进程和现代国家逻辑来讲，当然具有积极的意义。从1840年鸦片战争以来的现代化被动发生，到今天现代化进程的独立和引领，中国式现代化历程彻底完成了对历史和现实的超越。历史超越主要表现为对现代化被动发生的初始逻辑的超越，中国式现代化进程不再以"落后挨打"的消极被动逻辑为合法性基础，而是转向实现"中华民族伟大复兴的中国梦"的积极进取逻辑。现实超越主要表现在中国式现代化模式开始摆脱西方霸权主义和殖民主义逻辑，正式开启独立自主的现代化道路，中国式现代化不会再以西方价值观和利益为导向，走融入西方体系的追赶道路，而是因其自身模式的独特优势和价值，客观开启和西方体系的竞争，从而完成对西方体系的超越。这种超越的客观性在于民族独立、人民解放、国家富强的历史逻辑和中国共产党领导的政治逻辑，这种整体的历史逻辑和党领导的政治逻辑，是中国历史发展与选择的客观结果。中国共产党领导中国式现代化的历史进程，必然意味着中国共产党必须自觉遵循历史发展的内在趋势与自由意志，这是不以政党意愿和政治意识形态偏好为转移的。

正如西方现代化体系与逻辑是以西方国家利益需要为主导一样，在西方现代化体系与实践中，中国的存在，是以实现西方利益为目的的，中国是处在从属和工具的地位的，西方现代化体系不可能认同中国崛起而放弃自身利益和主体地位，国家之间关系不平等的客体化、工具化和依附性，正是传统国际政治经济秩序与格局的内在基础，是国际霸权主义和保守主义的天然基础和根基支撑。中美贸易战的爆发，其根源就在于中国式现代化进程已经对以美国为首的西方体系产生实质性竞争和威胁，美国想要继续维持以布雷顿森林体系为代表的、美国主导的国际政治经济旧格局，实现"美国优先"的利益最大化，就必然要遏制和防御中国的崛起，希望中国维持现状，不要挑战和威胁以美国为主导的国际体系。之所以直接走向冲突，主要是在特朗普政府看来，以往美国对中国的"接触"战略已经宣告失败，中国并没有按照美国人希望和预想的方向发展。"克林顿政府在其对华战略表述中始终使用'接触'战略的说法，并且在政府战略文件中论述了'接触'战略背后的逻辑：其核心是通过接触、交往，将中国拉进其主导的国际体系，使中国成为体系内的支持性力量而非相反。美国在获取战略利益与经济收益的同时，希望通过交往塑造和影响中国的发展方向，使中国政治、经济、社会、外交诸方面向着美国所乐见的方向发展。"① 而中国自身的发展进程和逻辑已经清楚地表明，不科学、不民主、不合理的国际政治经济秩序和格局，已经成为阻挠中国进一步发展的瓶颈和障碍，中国要么放弃自身的利益和发展，要么就和这种旧秩序旧格局作斗争，推动全球治理体系的积极变革。毫无疑问，中国只能选择后者。2015 年 9 月，习近平总书记在主持召开中共十八届中央政治局第 27 次集体学习时指出："要审时度势，努力抓住机遇，妥善应对挑战，统筹国内国际两个大局，推动全球治理向着更加公正合理方向发展，为我国发展和世界和平创造更加有利的条件。"自觉提出中国全球治理观和完善全球治理机制的实践方向，既是中国式现代化进程进一步发展的必然要求，也是中国发展推动全球治理，为全球治理体系变革作出贡献的实践方式。

以"共商共建共享"与"公正合理"为全球治理理念，以巩固二十国集团（G20）作为国际经济合作首要平

---

① 达巍：《美国对华战略逻辑的演进与"特朗普冲击"》，《世界经济与政治》2017 年第 5 期。

台的地位推动全球经济治理更加公平、包容、高效，以"一带一路"倡议为依托为全球经济提供新方案，以"铁腕"承诺为手段推进全球气候治理机制建设，以加入特别提款权（SDR）为契机促进国际金融治理体制改革，以亚投行和金砖银行设立为手段推进合作共赢的多边开发机构，以继续加强南南合作为依据进一步推进中非关系深化发展，① 等等，都可以看作是中国发展为全球治理体系改善作出的努力和贡献。中国以自身发展积累的力量和经验为资源推动全球治理体系变革，在这种新秩序和新格局当中，中国的制度形态、权力形态、社会形态和文化形态都需要得到尊重，拥有和美国的制度、文化、价值观等要素相平等的地位，由"西学东渐"走向"学有东西"，由追随西方走向道路自信、理论自信、制度自信、文化自信，彻底从制度上、文化上、精神上走向独立，并且需要西方世界对这种独立表现出应有的认同和尊重。

在庆祝中国共产党成立95周年大会上，习近平总书记发表重要讲话指出："坚持不忘初心、继续前进，就要坚持中国特色社会主义道路自信、理论自信、制度自信、文化自信，坚持党的基本路线不动摇，不断把中国特色社会

① 刘玮：《2015：习近平以中国理念和实践引领全球治理新格局》，中国新闻网，2016 年 1 月 3 日。

主义伟大事业推向前进。"这种"历史—精神—路线"的独特发展结构，注定中国发展只能通过精神和现实对历史的超越来完成，中国未来很大程度上取决于对历史的超越和创新能力。尽管中国的现代化进路是在西方文明对中国传统进行批判的基础上完成的，但是西方文明所代表的价值观并不能从根本上否定中国人精神世界的独立性和主体性，一旦中国当代文化获得了相应的现实竞争能力，那么文化的本土化和自主化就成为一种民族文化本能。国家利益的竞争一定伴随着文化表达的竞争，和国家利益表达相关的文化现象和文化政策无疑具有国家主权的特征，国家利益之间的竞争必然表现为不同话语体系的竞争，每一种话语体系的背后都是一种特定的国家利益及其意识形态。因为国家意识形态的独立性同国家利益的独立性一样，同样具有排他性、主权性和同一性，所以并不存在政治维度上的普世价值观，所有的价值观符号体系都是和它的利益结构保持同构，有什么样的利益现实，就有什么样的价值观现实。价值观具有国家意识形态的色彩，以西方国家为主导的所谓普世价值观不过是以西方国家利益为主导的现实的符号化和镜像化，这种普世价值观同样是服从和服务于西方国家整体利益需要的。同样道理，以"四个自信"为代表的新时代中国特色社会主义精神发展，不外是中国在国家利益和自身发展能力配置均衡的前提下，对国际治理结构的公平性、正义性、民主性、法制性的合理诉求，是中国对自身合法权益与合法利益的客观表达。以主权为特征的话语体系独立，是中国实现民族精神独立和超越的现实路径，中国利益需要中国叙事，而不是在西方的普世价值观体系中寻求自己的表达空间。以"四个自信"为基础讲好中国故事，就是科学准确表达好中国利益，实现好中国利益。

中国当代精神的独立与超越，不光表现在政治意识形态、国家核心价值观和文化取向上，还表现在其自觉的制度批判与矫正能力上。新时代中国特色社会主义现阶段不只是表现出足够的制度自觉和制度自信，同时也展现出超强的制度理性和制度能力。中国特色社会主义制度会不断随着实践发展进行自我革新和完善。党的十八届三中全会明确提出，全面深化改革的总目标是完善和发展中国特色社会主义制度、推进国家治理体系和治理能力现代化。其本质在于推动制度的发展和完善，既丰富和完善静态的制度体系，又强化和提高动态的制度执行能力。正是由于这种平等的制度文化和心理，中国才会保有强大的制度创新能力和完善能力，中国特色社会主义道路、理论、制度和文化也才会保持足够的张力和活力，才会在实践中不断得到丰富和完善。这种制度文化、制度心理和制度能力，与以美国为代表的西方制度优越论形成鲜明对比。中国既不提倡制度和文化的优劣，也不强行推销和输出自己的制度，而是强调以尊重各国事务和各国人民的选择为原则，主张各国之间的制度学习与互补。这种当代的制度文明和能力，同样可以看作中国在制度文化和制度精神上的一种超越，既超越了西方政体的传统优越论，也超越了西方制度的普世论，主张各国人民自主选择自己的发展道路和制度模式。

（3）政党制度的超越——从轮流执政到长期执政

"中国共产党领导是中国特色社会主义最本质的特征"[①]，2018 年宪法修正案再次明确中国共产党执政地位，党的领导成为宪法确立的国家根本制度的重要组成部分，这种依宪执政、依宪行政的权力结构和运行，相比较民主选举制度下的权力，更具有稳定性、连续性和长期性。权力的发生逻辑和运行方式不同，必然带来权力在决策和使用过程中出现差异，这种差异和不同国家的历史、文化、地理、能力等因素有关，不具有价值观评判和制度伦理的意义。如果单纯从制度主义的视角去诠释和比较，可能不

---

① 中共中央宣传部：《习近平新时代中国特色社会主义思想学习问答》，学习出版社、人民出版社 2021 年版，第 425 页。

同的制度在效能、效率、效益和成本等维度上的确有差异，但这种客观的绩效差异背后实际是制度主体、环境、文化、能力等方面的差异。对不同的主体而言，只有现实性的制度和可获得的制度，制度现实和社会现实紧密相关，甚至制度就是社会现实的一部分。"凡是现实的都是合理的；凡是合理的都是现实的。"① 一方面，制度具有客观的现实性特征，是不以主体的价值偏好为主导的；另一方面，制度的确在现实中常常遭到反思和批判，需要不断自我改进和修复，客观上不存在恒定不变的制度。但是，任何制度都是在历史过程中发展生成的，制度存在往往先于制度批判和比较，也就是说先有制度而后才有制度之间的比较。制度的客观实在性是第一位的，制度的反思、批判和完善是第二位的，而且任何的制度迁徙和移植最终都要走本土化道路，都要和各国的具体现实相结合，只有当制度和社会现实发生真实的关系，制度才会有效力。社会现实的差异性是客观的、在先的和历史的，所以任何的制度迁徙都要受到这种客观性、在先性和历史性社会现实的影响，制度变量不能代替社会变量，二者的相互作用才是制度现实的真实逻辑，制度的实践性才是制度的本质。

---

① 黑格尔：《法哲学原理》，范扬、张企泰译，商务印书馆 1961 年版，第 11 页。

中国共产党在政治上取得巨大成就的根本原因，就在于把马克思主义的基本原理和中国实际的成功结合，这种理论结合实际的能力，才是政治活动的生命力，政治的成败关键就取决于这种制度现实化的能力。不同制度的理论形态和逻辑体系差异，不能和制度现实混为一谈，制度现实更多指向制度能力和制度效力，制度能力和效力是一个政治过程的概念。意识形态化了的制度和制度现实并不能相互代替，如同制度宣传不能代替制度实践一样。所以，当西方国家以"颜色革命"的方式对别国政治进行渗透和干预的时候，其霸权主义的本质错误就在于，有意把西方意识形态化了的制度看作是人类历史的唯一答案，宣扬这种"万能神药"包治百病。用今天医疗科学的观点来看"包治百病"就是骗子行骗，就是图财害命，任何的道德外衣也不能掩盖这种"行骗"本质。西方的政体制度的确不是万能的，从很多中南美洲国家、非洲国家、东欧国家的政治命运来看，一边倒的西化政策并没有为这些国家带来美国式的繁荣和富强，无论是主动调整还是被动调整，都无一例外地要为这种转型付出巨大代价。转型成功的范例难以寻觅，但转型代价惨重却是普遍现象。"拉美陷阱""中东乱象""东欧剧变""颜色革命"等政治演变背后的教训是一样的，天下没有免费的午餐，如同"中国的今天，是中国人民干出来的"①一样，"一个国家走什么样的道路，只有这个国家的人民最有发言权"②，而不是靠其他国家的指点或者包办，只有本土化的制度和制度的本土化，不存在"放之四海而皆准"的制度教条。新时代中国特色社会主义也是延续制度本土化的道路，结合中国发展和实践过程中新的问题不断进行自主制度探索和完善。正是这种科学的制度立场、观点和方法，决定了新时代中国特色社会主义实践必然具有科学合理的结构和形态，必然契合社会发展规律和逻辑。中国特色社会主义的成功首先就在于始终坚持马克思主义的科学制度学说和方法。马克思主义的立场、观点和方法，赋予了中国特色社会主义强大的制度能力和生命力。

"认识和把握我国社会发展的阶段性特征，要坚持辩证唯物主义和历史唯物主义的方法论，从历史和现实、理论和实践、国内和国际等的结合上进行思考，从我国社会发展的历史方位上来思考，从党和国家事业发展大局出发进行思考，得出正确结论。全党要牢牢把握社会主义初级阶段这个最大国情，牢牢立足社会主义初级阶段这个最大

---

① 《习近平主席在出席亚太经合组织第二十六次领导人非正式会议时的讲话》，人民出版社2018年版，第9页。

② 《习近平主席在出席亚太经合组织第二十六次领导人非正式会议时的讲话》，人民出版社2018年版，第6页。

实际，更准确地把握我国社会主义初级阶段不断变化的特点，坚持党的基本路线，在继续推动经济发展的同时，更好解决我国社会出现的各种问题，更好实现各项事业全面发展，更好发展中国特色社会主义事业，更好推动人的全面发展、社会全面进步。"[①] 和以美国为代表的西方政体理论和实践相比较，中国共产党的领导和执政方式带有自身鲜明的特点。科学执政、民主执政、依法执政，既是中国共产党现代执政的主要方式，也是中国共产党权力运作的基本理念。尽管中国民主法制的进程有自身的特点，但就现代权力结构和运作的内在规律与精神实质而言，基本是一致的。中国的政治结构和权力日渐成熟，影响力和领导力也日渐强大，不同于西方政治运作的规制与实践特点正日益成为其竞争的核心优势。

（4）发展过程的超越——从站起来、富起来到强起来

从中国现代化历史的发生逻辑来说，中国现代化进程是在西方现代化历史领先的条件下开启的。"西学东渐"成为中国现代化资源的主要来源，"师夷长技以制夷"，或许包含有明显的政治立场和政治策略，但以"夷"为师的客观性却是断然存在的，从此中国就开始学习和追赶西方的现代化进程。这种后发型、追赶型、学习型的现代化模

---

① 《习近平谈治国理政》第二卷，外文出版社2018年版，第61—62页。

式几乎成了中国现代化的主导逻辑，中国社会的各方面增量发展几乎都是在这个现代化逻辑的框架下发生的。经济领域的洋务运动，政治领域的戊戌变法，社会领域的辛亥革命，既可以看作是中国学习西方现代化的现实突围，也可以看作是后发型、追赶型、学习型现代化的实践路径。历史证明，这种照抄照搬、自上而下的现代化模式终究未能成功，中国的现代化必须老老实实走人的现代化道路，任何器物或制度现代化都不能离开人而独自迁徙。西方现代化的经验可以借鉴，但"中体西用"的政治实用主义意愿终究不能代替现代化的客观规律，魂不附体必然不能实现真正的独立和自主。中国现代化只有走内生道路，立足内部问题、依靠内生力量、实现内部动员，自内而外、自下而上，由被动走向主动、由局部走向整体、由浅表走向彻底，中国的现代化才可能取得成功。以"新文化运动"和"农民运动"为标志的自下而上的文化革命与社会革命，才是真正意义上中国自主现代化的开始。1926 年 9 月，毛泽东同志在《国民革命与农民运动》一文中指出："农民问题乃国民革命的中心问题。"国民革命中心问题的确立，无疑给中国政治和现代化进程找到了精准坐标，由此出发中国现代化才真正走上正确道路。

"无产阶级领导的，人民大众的，反对帝国主义、封建主义和官僚资本主义的革命，这就是中国的新民主主义的革命，这就是中国共产党在当前历史阶段的总路线和总政策。"①正是由于新民主主义革命首次实现了对中国革命的科学把握，中国政治、经济、社会、文化等方面现代化进程才真正开启，中国新民主主义革命才会在中国社会获得成功。唯有科学、彻底、深刻的社会革命，才能为政治、经济、社会、文化等方面的现代化变革提供条件，只有民族独立、人民解放，国家才会富强，中国式现代化的条件正是在新民主主义革命中完成的。"我们有一个共同的感觉，这就是我们的工作将写在人类的历史上，它将表明：占人类总数四分之一的中国人从此站立起来了。"②从落后被动挨打，到民族独立、人民解放，中国人从此站立起来了，为中国式现代化建设赢得了前提，中国社会的历史真正实现了自我超越：从被动挨打的局面中解放出来，从被动学习的局面中独立出来，从局部追赶的局面中摆脱出来。中国的现代化进程从此由被动转为主动，由局部转为整体，实现了中国现代化历史的第一个超越，而这一切都从中国人民站起来开始。

　　1985年4月15日，邓小平同志会见坦桑尼亚副总统

---

　　① 《陈云文选》第一卷，人民出版社1995年版，第364页。
　　② 《毛泽东外交文选》，中央文献出版社、世界知识出版社1994年版，第113页。

姆维尼时谈道，贫穷不是社会主义，社会主义要消灭贫穷。1985 年 10 月 23 日，邓小平同志在会见美国时代公司组织的美国高级企业家代表团时说，一部分地区、一部分人可以先富起来，带动和帮助其他地区、其他的人，逐步达到共同富裕。从站起来到富起来，由毛泽东时代到邓小平时代，中国现代化进程再一次迎来了重大转变。以党的十一届三中全会为标志，中国共产党果断停止"以阶级斗争为纲"的路线，把党和国家工作重心转移到经济建设上来，通过改革开放基本国策，中国已成功晋级为世界第二大经济体、第一大工业国、第一大货物贸易国、第一大外汇储备国；随着脱贫攻坚任务的如期完成，小康社会全面建成，中国特色社会主义如期完成富起来的历史任务。人民富裕、经济发展，既是中国现代化进程的重要使命，也是中国现代化进一步发展的基础和保障。富起来，不仅是对中国经济发展成就的高度概括，更主要的是为中国现代化进程找到新的坐标，完成了现代化历史进程的第二次超越。

"中国特色社会主义进入新时代，意味着近代以来久经磨难的中华民族迎来了从站起来、富起来到强起来的伟大飞跃，迎来了实现中华民族伟大复兴的光明前景。"[1] 新

① 《中国共产党第十九次全国代表大会文件汇编》，人民出版社 2017 年版，第 8 页。

时代的开启，是以中华民族从站起来、富起来到强起来的第三次超越为标志的，强起来赋予了中国现代化进程新的使命和功能，是中国现代化独立进程以来承载的最伟大历史任务，带动和实现中华民族伟大复兴的中国梦。"我们既要全面建成小康社会、实现第一个百年奋斗目标，又要乘势而上开启全面建设社会主义现代化国家新征程，向第二个百年奋斗目标进军。综合分析国际国内形势和我国发展条件，从二〇二〇年到本世纪中叶可以分两个阶段来安排。第一个阶段，从二〇二〇年到二〇三五年，在全面建成小康社会的基础上，再奋斗十五年，基本实现社会主义现代化"，"第二个阶段，从二〇三五年到本世纪中叶，在基本实现现代化的基础上，再奋斗十五年，把我国建成富强民主文明和谐美丽的社会主义现代化强国"。[①] 未来三十年"两步走"的现代化方针，一方面体现了中国共产党不忘初心、牢记使命，始终继承和延续历史发展的整体逻辑和科学规律，另一方面又能面向未来、积极进取，赋予中国式现代化进程以更高目标、更伟大使命、更远大前途，彻底完成中华民族伟大复兴的光荣梦想。不忘本来、吸收外来、面向未来，中国共产党在实现历史维度的超越的同

---

① 《中国共产党第十九次全国代表大会文件汇编》，人民出版社 2017年版，第 22—23 页。

时，也完成了对自身的超越，在伟大社会革命中也完成自我革命，在现代化强国实践中实现政党现代化。本世纪中叶建成现代化强国之时，就是中国式现代化进程全面超越西方现代化进程之时。中国式现代化的超越之路，既是中国国家的发展之路，也是新时代中国特色社会主义推动世界历史进程之路。

（5）国际治理的超越——从"布雷顿森林体系"到"一带一路"倡议

自 2013 年中国提出共建"一带一路"倡议以来，全球舆论态度从观望、质疑、支持到合作，发生了积极转变，沿线多数国家认为中国为改善全球经济治理和构建人类命运共同体贡献了中国智慧和中国方案。截至 2021 年 12 月 16 日，中国已与 145 个国家和 32 个国际组织签署了 200 多份"一带一路"合作文件，涵盖亚洲、非洲、欧洲、拉丁美洲、南太平洋地区国家。[①] "一带一路"倡议能够获得广泛的认同和参与，根本说来还是由当代全球治理的实际需要所决定的。

中国改革开放以来的快速发展，为世界经济增长作出了很大贡献，当代世界的增长结构、交往结构和治理结

[①] 《我国已与 145 个国家、32 个国际组织签署 200 多份共建"一带一路"合作文件》，中国政府网，2021 年 12 月 16 日。

构，都离不开中国经济的发展和贡献，中国在当代世界发展与治理中扮演着越来越重要的角色。中国发展与世界融合的过程，是一个双向塑造和双向赋权的过程。一方面，中国根据自身的发展需要和逻辑，对世界既有格局和秩序提出变革需要及变革方案。另一方面，世界政治经济发展也不会完全赞同来自中国的声音和做法，也需要中国根据世界的整体结构作出部分的妥协和调整。中国改变世界的过程，与世界改变中国的过程，是同一个过程，双向互动与构建是这一过程的主要方式。这一过程之所以具有进步和发展意义，关键在于中国处于国家发展的上升期，对世界参与和贡献的是带有建设性的增量部分，中国在创造自身发展奇迹的同时也为世界发展贡献了智慧和力量。

中国经济发展到今天，随着体量和需求的增加，中国本土空间的支撑和持续发展能力已经明显局促，难以为中国经济发展的质量提升、效率改进、动力优化和结构调整继续提供空间和能量。中国优质的过剩产能需要在全球范围内转移，中国的富裕资本和技术需要全球投资和贸易，中国的人才队伍和盈利竞争需要有更大的市场空间和资源配置。这种自下而上的发展逻辑与需要，构成了中国参与当代全球治理的内在逻辑和动力，这种逻辑与动力的实体性、现实性、持久性和建设性，决定了中国崛起的性质和目的；为人民谋幸福，满足人民群众美好生活的需要，使中国主动提供全球公共产品、拓展共同发展空间，决定了"一带一路"倡议对其他国家而言是机遇而不是挑战。中国是基于贸易投资便利化、自由化的和平发展与和平交往，世界各国与中国的贸易投资关系是在双方平等基础上的自愿选择，是建立在彼此真实需要和共赢基础上的。运作机制上实行共商共建共享，主体参与上实行自由自愿平等，结果取向上实行共赢互赢多赢，这种国际空间理论与实践上的超越和发展，注定"一带一路"倡议所打造的国际空间具有明显的优势，与传统国际治理空间形成强有力的竞争，代表着全球公共产品供给的未来方向。全球公共产品供给要想赢得未来，获得市场，就必须摈弃霸权主义和零和博弈的传统国际理论，真正走求同存异、共商共建共享之路——创建和维护国际空间的公共性与公平性，增强国际社会的自主发展和增量发展，改革和提升传统国际治理体系和治理空间，构建新型国际治理空间和实践，切实推动国际治理体系的良性变革。

（6）价值观的超越——从霸权主义到人类命运共同体

中国在自身发展的基础上，首次向世界提出了推动全球治理的先进中国理念，构建人类命运共同体，抵制和反对贸易保护主义和孤立主义，在关键时点上为全球治理指明方向。以美国为主导的"布雷顿森林体系"日益力不从心，既不能像以往一样帮助美国转嫁危机，又不能为全球治理发挥应有的积极作用。全球经济秩序、金融秩序和政治秩序之所以日渐复杂化，根本说来是和这一传统治理框架的能力退化直接相关。"布雷顿森林体系"之所以能力退化，与该体系的领导者自身衰退紧密相关。尤其是金融危机以来，以美国为代表的西方国家普遍出现制度弹性不济和复苏无力，最终导致政治混乱。"美国优先"既代表一种应对策略，也代表一种治理危机。从策略的角度来讲，面对增长乏力，特朗普政府不得不采取大规模减税等手段来刺激经济，而减税政策又极大地加剧了美国联邦政府的财政赤字，直接导致美国政府财政支付能力的下降，美国政府不得不减少财政开支项目，美国本土优先开支势必引起美国海外开支减少和空间收缩，全球治理必然出现空白和不足。美国衰退是全球治理衰退的直接原因，美国资本主义制度红利透支严重，已经难以继续支撑美国的全球霸权主义。美国经常账户金额不足、赤字严重，直接导致美国海外结算和支付能力迅速下降，包括国防在内的很多海外项目不得不停止或者收缩。美国退出 TPP、巴黎协定、联合国教科文组织、伊朗核协定等国际组织，就是其开支能力下降的明证。以美国退出联合国教科文组织为例，美国列举的三点原因中，首要原因就是会费增加。逃避5亿美元会费，不交会费就失去话语权。由此不难看出，美国的权利空间和美国的财政空间之间严重脱节，特朗普政府已经没有能力再去继承和维护美国社会传统的国际空间和独特霸权。国际权力空间和治理空间的重大调整，本质上反映的是资本主义体系和资本主义制度的普遍危机。尽管西方资本主义国家各自的问题表现不一样，但治理危机背后的制度危机是一样的。美国作为西方自由主义的灯塔国家，带头搞贸易保护主义和孤立主义，英国脱欧，以默克尔为代表的自由价值黯然退场，"黄马甲"运动，等等，无不都在以危机的方式暴露资本主义世界的治理危机、价值危机和社会危机。资本主义体系式微的背后是资本主义精神与价值观的危机，尤其随着殖民主义时代增长和战后重建增长的结束，一旦资本主义的增长由外部扩张驱动回到内部自主驱动，资本主义制度条件下的内部增长能力就彻底暴露出来。一旦人性的逻辑和社会逻辑被异化成资本的逻辑，人性和社会结构的扭曲就必然发生，人人都想少予多取，人人都希望通过资本所得拥有，人人都逃避通过诚实劳动所得拥有，由于整个社会分配本身就鼓励和助长投机，经济虚拟化、金融化、总部化就成为必然趋势，而经济的虚拟化、金融化、总部化，必然带来的就是人口的垃圾化和无用化。一旦多数人口在资本主义制度框架下不能被尊重和满足，社会矛盾和冲突就必然凸显。所以资本主义的制度危机才是社会危机的根源所在，资本主义的社会危机是资本主义制度运行的必然结果。社会危机是制度危机的表象，制度危机本质上带来政治危机。

与资本主义制度的内在逻辑和价值不同，新时代中国特色社会主义遵循和传播的是完全不同的逻辑和价值。为中国人民谋幸福，为中华民族谋复兴的使命结构；中国特色社会主义进入新时代的历史方位；从站起来、富起来到强起来的民族自觉；全体人民共同富裕的制度安排；日益走近世界舞台中央、不断为人类作出更大贡献的国际追求；伟大斗争，伟大工程，伟大事业，伟大梦想的战略谋划；"五位一体"和"四个全面"的中国特色社会主义事业布局；道路自信、理论自信、制度自信、文化自信的精神觉醒；国家治理体系和治理能力现代化的制度行为；立党为公、执政为民，全心全意为人民服务的宗旨情怀；创新、协调、绿色、开放、共享的发展理念；不忘本来、吸收外来、面向未来，中国精神、价值、力量的构筑培育；政治建军、改革强军、科技兴军、依法治军的国防建设；高速增长转向高质量发展的经济重塑……无不彰显中国强大的制度能力和制度活力。这种活力和能力是内生而不是外生，是建立在自下而上而不是自上而下的基础之上的，是以人民为中心的群众需要而非政府强制，是建立在人民美好生活需要基础上的积极进取而非消极防御。人民性、群众性、社会性是其根本，时刻走群众路线，始终同群众想在一起、干在一起，既是中国共产党性质和宗旨的根本体现，是中国共产党永葆年轻的政治本色，也是确保中国社会永葆生机活力的关键所在。西方资本主义之所以走向危机和衰退，根本说来还是脱离群众的结果。离开了群众，政府失去了组织力，政党失去了号召力，国家失去了凝聚力，制度失去了动员力，国家体系、政治体系和社会体系不可避免地陷入了治理不足和治理不力，混乱和危机、内耗和亏空就成为必然。可见，要改变资本主义的系统性危机，就要改变资本主义的制度安排，把资本主义的少数积极性动员转变为多数积极性动员，把资本主义的上层动员转变为整体动员，说到底就是要走群众路线，从群众中来，到群众中去。这既是资本主义危机的药方，也是资本主义制度改良的主要取向。让人民群众多数人得到激励，而不是资本家少数人得到激励。新时代中国特色社会主义既沿袭党的历史上成功的经验和做法，又注重改革创新，不忘本来、吸收外来、面向未来，始终保持制度的活力和能力，在确保中国自身发展充满活力的同时也为世界发展作出贡献,从而在制度上、价值上、发展上、稳定上、空间上实现对资本主义的全面超越。人类命运共同体的提出及其实践,正是这种全面超越在理念与行为上的集中概括,是中国本土实践为当代全球治理提供的优质公共产品。正如党的十九大报告所指出的:"实施共建'一带一路'倡议,发起创办亚洲基础设施投资银行,设立丝路基金,举办首届'一带一路'国际合作高峰论坛、亚太经合组织领导人非正式会议、二十国集团领导人杭州峰会、金砖国家领导人厦门会晤、亚信峰会。倡导构建人类命运共同体,促进全球治理体系变革。我国国际影响力、感召力、塑造力进一步提高,为世界和平与发展作出新的重大贡献。"①

(7)发展模式的超越——从资本为中心到以人民为中心

当今世界受全球化力量的影响,同构性趋势和力量越来越明显。时代结构、市场结构、消费结构、社会结构、网络结构、观念结构等,在全球化力量的激励下越来越出现跨国流动的特性,从实体和理念上越来越相似,国际合作和交往的需要也因此越来越强烈。实体结构的同构性,导致世界各国政府面临的问题也具有同构性,比如负债和

---

① 《中国共产党第十九大次全国代表大会文件汇编》,人民出版社2017年版,第6页。

杠杆普遍偏高、经济结构普遍不合理、经济增长能力普遍下降、流动性普遍泛滥、资产价格泡沫严重、收入分配差距过大等。正是这种实体与问题的同构性，导致需要广泛的双边、多边国际合作。旧的国际合作机构和机制由于受职责定位影响，对于广泛解决今天世界各国面临的各种新问题似乎难以奏效，迫切需要世界各国积极合作建立新的治理机制和治理组织，以便积极应对世界各国治理实践中的需要。但由于各国受各自国情和制度的影响，治理结构和治理能力参差不齐，直接导致全球治理合作与治理协同程度普遍较低。"从全球看，越来越多的国家已认识到，结构性改革才是走出眼前困境的根本之策，但这是需要付出代价的。西方国家多党执政的痼疾，没几个政治家敢于真正付诸行动，结果'心想'而'事不成'。我们有制度优势，一定要形成共识、狠下决心，马不停蹄向前走，千方百计抓落实，扎实作为见成效。"① 也就是说，只有在全球治理普遍面临困境的时候，才会显示出世界各国的治理能力差距和制度差异。对于各国的制度安排来说，风险管控、危机应对的能力和发展的能力同等重要，一个国家既要有成长性又要有安全能力，才会具备持续均衡的发展能

① 《开局首季问大势——权威人士谈当前中国经济》，《人民日报》2016 年 5 月 9 日。

力和增长能力。世界各国的制度比较与发展模式比较，是一个长期的历史过程，任何暂时优势与长期安全与发展能力相比较，都是微不足道的，任何阶段性的优势过度的放大和意识形态化无疑都是制度发展能力的陷阱。好的制度一定不是教条和迷信，一定是具有自我革新和创新的能力，当资本主义制度想把自己看作是历史的终结，也就意味着这一制度的活力开始丧失。与这种意识形态窒息了的制度迷信相比较，新时代中国特色社会主义制度所具有的动力结构、价值结构、组织结构和理论结构都是完全不同的。从群众中来，到群众中去，强大的组织力和创新力，既保证了中国社会的强大制度能力，又保证了中国经济的强大发展能力，实现了中国发展模式的全面超越。